다산,
공직자에게 말하다

실학교양총서 제5집

다산, 공직자에게 말하다

새로운 사회를 열망했던 다산이 꿈꾼 나라

실학박물관

　지난해 연초에 실학박물관에서 진행하는 '다산 공렴 아카데미' 강사로 참여하던 연구자들이 모였습니다. 공직자를 주요 독자로 삼은 교양총서를 기획했습니다. 마침 2017년부터 다산 정약용의 '1표 2서', 즉『경세유표(1817)』·『목민심서(1818)』·『흠흠신서(1819)』의 저술 200주년 기념행사가 해를 이어서 진행되고 추진되는 시기였습니다. 이에 맞추어 다산의 정법 3서인 '1표 2서'를 중심으로 공직자들이 읽을 만한 책을 만들기로 했습니다.

　'다산 공렴 아카데미'는 실학박물관에서 운영하는 공직자 청렴 교육 프로그램입니다. '공렴公廉'이란 단어는 다산 선생이 28세에 문과에 합격하여 관직에 나아가면서 '공렴으로 열심히 소임을 다 하겠노라'며 다짐한 시에서 나온 것입니다. 공정 내지 공평, 청렴 등의 의미를 담고 있습니다. 공직자 교육프로그램 이름에 이 단어를 넣은 데는 다산연구소 박석무 이사장의 제안이 있었던 것으로 알고 있습니다. 동서고금을 막론하고 공동체의 임무를 담당하는 사람에게는 공정과 청렴은 필수적인 덕목이라 하겠습니다. 다만 청렴은 공직자의 기본인 것이며, 여기에 더하여 직무수행에 필요한 능력이 있어야겠지요.

다산의 학문과 저술 체계는 크게 유교경전 연구와 '1표 2서'의 둘로 나눌 수 있습니다. 전자로써 도덕적으로 확립하고, 후자로써 정치적으로 실천한다는 것이 다산의 생각입니다. 본말本末론, 체용體容론, 도기道器론 등의 유학 패러다임에 의하면, 다산의 학문과 저술 체계는 경학=수기=본=체=도와 경세학=치인=말=용=기로 구성되었다고 할 수 있는데, '1표 2서'는 후자에 해당된 것입니다. 전통적인 유학자가 주로 전자만 강조했던 것에 비해 실학자들은 후자를 강조했습니다. 다산은 후자로써 전자가 가능하고 완성된다고 생각했던 것입니다.

저는 이 책이 기획되고 집필되는 단계에서는 필자의 한 사람이었습니다. 그런데 발간 단계에는 실학박물관을 총괄 책임지는 사람으로 바뀌어 감회가 남다릅니다. 이 책의 필자로 참여한 심재우 교수, 이근호 교수, 황병기 교수에게 감사합니다. 또한 초기의 책임자였던 장덕호 전 관장, 기획자와 필자로 참석한 조준호 전 학예팀장, 그리고 실무의 처음부터 마무리까지 담당하고 관련 이미지를 적절히 실어서 모양새 있게 만들어준 이헌재 박사에게 감사의 뜻을 전합니다.

다산의 주장이 충심과 고뇌가 밴 훌륭한 대안임에도 불구하고 오늘날 우리에게는 맞지 않을 수 있습니다. 여기서 옛것을 배우는 우리는 법고창신法古創新의 자세를 발휘할 필요가 있습니다. 무릇 옛것이 오늘날에도 유효하게 쓰이려면 지금 사정에 맞추어 변통하는 노력이 필요한 것입니다. 독자는 굳이 공무원에 국한될 필요가 없습니다. 아무쪼록 많은 분이 이 책이 읽고 도움이 되었으면 합니다. 감사합니다.

2019. 9

한강변 마재마을에서

실학박물관장 김태희

차례

김태희

황병기

이근호

제 I 장

『경세유표』,
낡은 우리나라를 새롭게

김 태 희

1. 머리말

한 사람의 위대함은 역경을 겪고서야 성취되는가! 다산 정약용은 천주
교를 빌미로 한 정치탄압이었던 신유옥사(1801)에서 죽음의 문턱을 넘
어 간신히 목숨을 유지했다. 대신 먼 남쪽 바닷가로 유배에 처해졌다.
그러나 그는 굴하지 않았다. 오히려 겨를을 얻었다며 학문에 매진했다.
후학들이 그의 여러 이름 가운데 유독 '다산'이란 이름을 즐겨 부르는
것은, 그가 유배지 강진 다산에서 이룬 학문적 위업 때문일 것이다.

그는 참으로 방대한 저작들을 남겼다. 연구 분야 또한 다양하고도 넓
었다. 그의 저서 가운데 유명한 것은 아무래도 『경세유표』와 『목민심
서』일 것이다. 두 저서는 18년 유배생활의 막바지에 완성되었다. 1801
년 강진에서 유배생활을 시작한 다산은 줄곧 여러 유교경전 연구에 몰
두했는데, 유교경전 연구가 대체로 마무리 되자 유배생활 17년째인
1817년에 『경세유표』를 완성하고, 이어서 1818년에 『목민심서』를 완
성했다.

그렇다면 『경세유표』는 그의 전체 저서에서 어떤 위상을 갖는가? 다
산은 회갑 때 쓴 「자찬묘지명」에서 자신의 방대한 저술을 다음과 같이
간명하게 정리한 바 있다.

경세유표(실학박물관 소장)　　　　목민심서(실학박물관 소장)　　　　흠흠신서(실학박물관 소장)

육경六經·사서四書로써 자신을 수양하고 '1표表·2서書'로써 천하·국가를 다스
리니, 본本과 말末을 갖춘 것이다.(『자찬묘지명』)

'육경·사서'는 유학의 기본 경전이요, '1표 2서一表二書'는 『경세유
표』의 표와 『목민심서』·『흠흠신서』의 서를 통칭한 것이다. 자신을 수
양한다는 것은 '수기修己'이다. 천하·국가를 다스린다는 것은 '경세經
世'인데, 달리 표현하면 '치인治人'이다. 다산은 자신의 저서의 목표를
'수기'와 '치인'의 두 가지로 구분한 것이다. 그리고 유학 경전의 연구
는 '경학經學'이요, 경세를 위한 학문은 '경세학經世學'이다.

요컨대 다산의 저서 내지 학문 체계는 수기치인론에 입각하여 '경
학'과 '경세학'으로 구성되었다. '경학=육경사서 연구서=수기=본'과
'경세학=일표이서=치인=말'의 둘로 구성된 것이다. 다산이 경학을 본

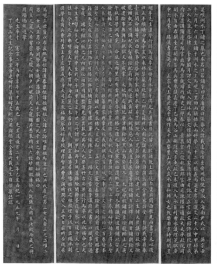

자찬묘지명 탁본(실학박물관 소장)   다산 정약용 묘비

本이라 하고, 경세학을 말末이라 했지만, 경세학의 비중을 낮게 여긴다
는 의미는 결코 아니었다. 서로에 의해 완성된다는 의미를 갖는다.

그런데 「자찬묘지명」에 『경세유표』는 '48권 미졸업'으로 되어 있다.
이 점과 관련하여 최익한은 1955년 북한에서 출간한 『실학과 정다
산』이란 책에서 다음과 같은 말을 하고 있다.

강진 지방 사화史話에 따르면 다산의 저서로서 현존본 『경세유표』 이외 별본別
本이 있었는데 그가 강진 유배로부터 해방되기 직전에 이 별본을 밀실에서 저
작하였으며 그 가운데에는 만민 평등의 새 사회를 상세히 모사하고 그 실현
방법도 표시되었다. 이 책자를 그가 문인 이청과 친승親僧 초의에게 주어서 비

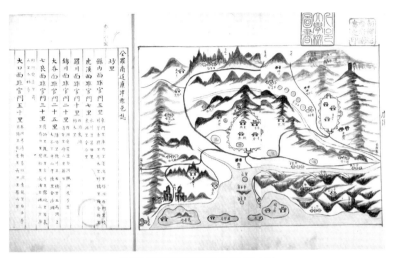

강진군 읍지 지도(규장각한국학연구원 소장)

밀히 보관, 전포할 것을 부탁하였으나 그 전문은 중간에 행방불명되었고 일부
는 후래 대원군에게 박해당한 남상교, 종삼 부자에까지 전해졌으며 일부는 후
래 갑오농민전쟁의 지도자인 전봉준, 김개남 등의 수중에까지 들어가 그 사상
과 전술이 그들에게 많이 이용되었다고 한다. 그리고 갑오농민전쟁이 끝난 뒤
에 관군은 그 '괴서'의 출처를 조사하기 위하여 다산 유배지 부근인가와 사찰
을 수색한 일까지 있었다고 한다. 이와 같은 사실은 그 지방 인민이 직접 눈으
로 보고 입으로 전한 것으로서 『강진읍지』의 인물조에 적혀 있다. 이 사화를
음미해 본다면 『경세유표』 현행본 43권이라는 권수 이외에 연보에서 밝힌 49
권과 자기 묘지명 중에 밝힌 48권의 그 잔잉殘剩 권수인 여섯 권 내지 다섯 권
은 필시 밀실 저작의 별본으로서 다산 만년 수정 가장본의 전서 중에 편입되
지 않고 다만 '미졸未卒' 혹은 '미성未成'이란 가표만 붙여 세상에 공개되지 못

하고 비밀히 유전된 것이 아닌가 한다.(최익한 저, 송찬섭 편, 『실학파와 정다산』, 서해문집, 2011)

『경세유표』를 둘러싸고 뭔가 신비감을 더해주는 이야기여서 관심을 끌지만, 이러한 최익한의 주장은 확인할 길이 없다. 이에 관해 강진 지역의 해남 윤씨들이 동학에 가담하여 활동한 점에서 그 연관 가능성을 받아들이는 연구[1]도 있다.

『경세유표』는 일단 '경세'란 이름에서 경세학의 대표 저서임을 짐작할 수 있다. 다산이 왜 경세유표를 썼는가, 그 개략적 내용은 무엇인가, 책 이름과 편제를 중심으로 하여 다산의 생각을 살펴보기로 한다.

2. '경세', 세상일을 도와야

왜 '경세'인가? 이는 '학문은 왜 하는가'의 문제와 연관된다. 다산은 제자 정수칠에게 보낸 편지에서 공자의 유학을 이렇게 말했다. "공자의 도는 '수기치인'일 따름이다."

당시의 유학자들이 이기론, 사단칠정론, 하도낙서河圖洛書 등만 말하는데, 진정한 공부는 수기치인을 위한 것이라면서 다음과 같이 말했다.

---

1 홍동현, 「1894년 강진지역 동학농민전쟁과 다산 정약용의 『경세유표』」, 『다산과 현대』 8, 2015.

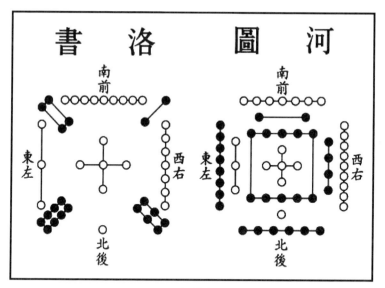

하도락서

『서경』 열명[說命] 편에, '배움은 학문의 절반'이라고 했는데, 이는 자기 수양[修己]이 우리 학문[유학] 전체에서 단지 절반의 공功일 뿐이라는 것이다. 『서전書傳』에 '가르침은 학문의 절반'이라고 했는데, 이는 사람을 가르치는 것[敎人]이 우리 학문 전체에서 실로 절반의 공功에 해당한다는 것이다. 두 해석이 서로 충돌하지 않으니, 이 뜻을 안다면 마땅히 경세학經世學에 뜻을 두어야 할 것이다.(「爲盤山丁修七贈言」)

'수기'든 '치인'이든 공부의 절반에 불과하다. 양자는 서로 충돌하지 않으며 오히려 양자가 갖추어져야 학문이 완성되었다고 말할 수 있다. '교인敎人'이란 표현은 '치인'이란 단어로 등치시킬 수 있다. 그러면서

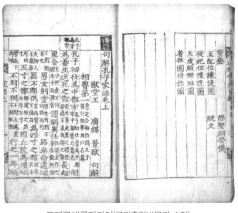
표제구해공자가어(국립중앙박물관 소장)

'경세학'에 뜻을 둘 것을 제자에게 강조하고 있는 것이다. 『목민심서』에서도 같은 취지의 말을 했다. "군자의 학문은 수신이 절반이요, 그 절반은 목민"이다. '수신'과 '수기'는 같은 의미다. 나머지 절반인 '목민牧民'은 '치인'과 같은 말이다.

'경학'과 '경세학'으로 구성된 다산의 저술과 학문 체계는 바로 그런 가르침을 스스로 실천하는 것이었다. 1표 2서를 '말末'로 표현했다 해서, 다산이 그 가치를 낮게 보아 그렇게 표현한 것은 아니라는 점도 확실하다. 오히려 다산은 '수기'를 더 강조하는 당시 분위기에서 상대적으로 '치인', 즉 '경세'를 강조했던 것이다. 다음 글에서도 이를 알 수 있다.

공자께서 자로子路·염구冉求 등에게 매번 정사政事를 가지고 인품을 논하였고, 안자顏子가 도를 물음에도 반드시 나라를 다스리는 것으로 대답했다. 각자의 뜻을 말하게 할 때도 역시 정사에서 대답을 구하였으니, 공자의 도道는 그 쓰임이 경세經世라는 것을 알 수 있다. 무릇 글귀에 얽매이거나 은일隱逸을 자칭하여 사공事功에 힘을 쏟지 않는 것은 모두 공자의 도가 아니다.(「爲盤山丁修七贈言」)

공자가 제자들과 토론할 때 정사政事·나랏일, 즉 '경세'를 말했다는 것이다. 글귀만 따지거나 세상일을 등지고 숨지 말고, '경세'를 통해 '사공事功'에 힘쓸 것, 다시 말하면 세상일에 실제적인 기여를 하는 것이 공자의 가르침이라는 것이다.

'수기치인'은 동양정치사상의 핵심어이다. 수기치인은 '수신제가치국평천하'라는 단어로 표현되기도 한다. 수기는 자신의 도덕적 수양을 도모하는 내부지향적인 것으로, 치인은 국가 또는 사회와의 관계를 말하는 외부지향적인 것으로 구분할 수도 있다. 그런데 다산이 살았던 조선후기에는 수기를 강조하고 치인을 소홀히 한 경향이 있었다. 다시 말하면, 개인의 도덕적 수양을 강조하면서, 국가와 사회를 규율하는 법과 제도에 대해서는 소홀한 경향이 있었던 것이다. 그런 경향을 감안하면, '경세' 내지 '치인'을 강조하는 다산의 태도는 사뭇 다른 것이었다.

다산은 대학자였지만 단순히 책만 보는 학자에 그치지 않았다. 세상을 경영하는 '경세가經世家'였다. 그가 경세가로서 집필한 저서가 바로 '1표 2서'였다. 그는 「자찬묘지명」에서 이 저서를 다음과 같이 소개하고 있다.

『경세유표』란 어떤 책인가? 관제官制·군현지제郡縣之制·전제田制·부역賦役·공시貢市·창저倉儲·군제軍制·과제科制·해세海稅·상세商稅·마정馬政·선법船法·영국지제營國之制(도성을 경영하는 제도) 등을 지금 쓰임에 얽매이지 않고 경經을 세우고 기紀를 펼쳐서 우리의 낡은 나라를 새롭게 하려는 생각이다.

『목민심서』란 어떤 책인가? 지금의 법에 의해 우리 백성을 다스리는[목牧] 것이다. 율기律己·봉공奉公·애민愛民으로 3기紀로 삼고, 이吏·호戶·예禮·병兵·형刑·공工을 6전典으로 삼고, 진황振荒 1목目으로 끝맺음하였다. 각각 6조씩을 두되, 고금古今을 찾아 망라하고 간위奸僞를 파헤쳐 목민관에게 주니, 바라건대 한 백성이라도 그 은택을 입는 자가 있었으면 하는 것이 내 마음이다.

『흠흠신서』란 어떤 책인가? 인명人命에 관한 옥사獄事는 잘 다스리는 자가 적다. 경사經史로써 근본을 삼고 비의批議로써 보좌를 삼고 공안公案으로 증거로 삼되, 모두 상정商訂(헤아려 평함)하여 옥사를 담당하는 관리에게 주니, 바라건대 원통한 사람이 없었으면 하는 것이 내 뜻이다.(이상 「자찬묘지명」)

관제, 군현제 등은 국가 제도의 근간이다. 전제, 부역 등은 민생과 국가기능을 확보하기 위한 핵심제도이다. 결국 『경세유표』란 국가제도 전반을 다룬 것이다. 또한 '우리의 낡은 나라를 새롭게 하기 위한 것'이란 점에서 개혁안임을 알 수 있다. 요컨대 『경세유표』는 '국가제도 전반에 관한 개혁안'이라 할 수 있다.

이에 비해 『목민심서』는 백성을 위한 지방수령의 행정지침서이고, 『흠흠신서』는 형사 판례연구서이다. 『경세유표』는 국가 제도에 관한 것이면, 『목민심서』는 지방행정에 관한 것이고, 『흠흠신서』는 형사작용에 관한 것이다. 여기서 세 저서는 일정한 역할 분담을 하고 있는 것을 알 수 있다.

한 가지 더 덧붙이면, 『경세유표』와 『목민심서』는 각각 제도론과 운용론이라는 차이가 있다는 점이다. 즉 전자는 제도개혁을 제시한 것이고, 후자는 현행 제도의 운영을 위한 것이다. 무릇 제도 개선이란 이론이 있을 수 있고, 수용되는 데는 시간이 걸리는 것이기에, 마냥 제도 탓만 하며 제도 개선을 하염없이 기다릴 수 없는 노릇이다. 그렇다면 집행자가 당장 현행 제도를 어떻게 운용하는가가 현실에서는 더 중요할 수 있다. 여기서 다산의 이상주의적 입장과 현실주의적 입장이 적절히 조화를 이루고 있는 점을 살필 수 있다.

3. '유표', 군주가 왕정을 베풀길

이제 '유표'란 단어에 관해 살펴보자. '표表'란 문장 장르의 하나로, 군주에게 바치는 글을 가리킨다. 제갈량의 '출사표'가 그 대표적 예이다. 따라서 『경세유표』는 군주에게 바치는 국가제도개혁안이라 할 수 있다. 그런데 여기에 '유遺'자가 덧붙여졌다. '유고遺稿', '유언遺言'처럼 죽은 후를 염두에 둔 것이다. 자신이 살아 있을 때 자신의 제도개혁안이 받아들여지기를 기대하기 힘들겠다는 판단이 배어있는 조어라 할 수 있다. 죽어서라도 훌륭한 군주가 나타나 채택되었으면 하는 간절한 기대를 느낄 수 있다.

군주란 아래로부터 정해지는 것

다산은 군주를 어떤 존재로 보았나? 이와 관련해서는 그의 글 가운

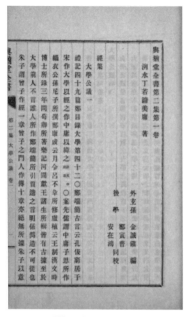

대학공의(실학박물관 소장)　　　　　상서고훈(실학박물관 소장)

데 세 가지를 통해 볼 수 있다. 첫째, 「원정原政」, 「원목原牧」, 「탕론蕩論」 등(다산의 '정론 3편'이라 일컫는다) 짧은 논설에서 파악한 군주의 존재이다. 둘째, 『대학공의』나 『상서고훈』과 같은 경학 연구에서 파악된 군주의 모습이다. 셋째, 『경세유표』나 『목민심서』와 같은 경세서에서 제시된 군주의 모습이다.

「원목」은 30대인 곡산부사 시절(1798년. 37세 무렵)에, 「원정」은 그보다 좀 전에 쓴 것으로 추정하고 있다. 「탕론」은 40대인 유배시절에 쓴 것으로 추정하고 있다. '원原'이란 원래의 의미를 밝힌다는 뜻이다. 「원목」은 '목牧이란 무엇인가'란 뜻이다. 양치기 소년을 '목동'이라 부르듯, 다산은 『목민심서』에서 '목'이란 단어가 가축을 기른다는 말에서 연유했다고 설명하고 있다. 「원목」의 목은 '지도자'를 가리킨다고 할 수 있다.

「원목」은 "목牧이 백성을 위해 있느냐? 백성이 목牧을 위해 있느냐?" 라는 질문으로 시작한다. 마치 백성이 일하여 목을 섬기고 백성이 수고 스럽게 하여 목을 살찌게 하는 현상을 들어 백성이 목을 위해 생긴 것이 아닌가 묻고선, 이를 거듭 부정하며 "목이 백성을 위해 있다"고 단언했다.

목牧의 기원에 관해 다산의 논증은 다음과 같다.

> 먼 옛날, 처음엔 백성만 있었지 무슨 목牧이 있었던가? 백성들이 모여 살면서 한 사람이 이웃과 다투어 해결하지 못하다가, 한 어른이 공정한 말[公言]을 잘 하므로 그에게 찾아가 바로잡았다. 이웃이 모두 감복하여 그를 추대하여 높이고 이름을 이정里正이라 했다. 여러 마을[里]의 백성이 해결하지 못한 마을의 다툼이 있었는데, 한 어른이 뛰어나고 아는 것이 많아 그에게 찾아가 바로잡았다. 여러 마을이 모두 감복하여 그를 추대하여 높이고 이름을 당정黨正이라 했다. 여러 향리[黨]의 백성들이 해결하지 못한 향리의 다툼이 있었는데, 한 어른이 현명하고 덕이 있어 그를 찾아가 바로잡았다. 여러 향리 사람들이 모두 감복하여 그를 추대하여 높이고 이름을 주장州長이라 했다. 여러 고을[州]의 주장이 한 사람을 추대하여 우두머리로 삼고 이름을 국군國君이라 했다. 여러 나라의 국군이 한 사람을 추대하여 우두머리로 삼고 이름을 방백方伯이라 했다. 또 사방의 방백이 한 사람을 추대하여 우두머리로 삼고 이름을 황왕皇王이라

했다. 황왕의 근본이 이정에서부터 시작하였으니, 목이 백성을 위해 있는 것이다.(「원목」)

처음엔 백성만 있었지 우두머리가 따로 없었다. 다툼이 생겼을 때 문제를 해결해주는 사람이 있어, 사람들이 그를 우두머리로 추대했다. 이런 식으로 영역이 넓어지면서 이정 → 당정 → 주장 → 국군 → 방백 → 황왕으로 우두머리가 정해졌다. 우두머리가 아래로부터 정해진 것이다. 백성의 필요에 의해서 정한 이 우두머리가 '목'이다.

이어서 다산은 '법法'의 기원도 같은 방식으로 설명했다.

그때는 이정이 백성의 바람[民望]에 따라 법을 제정하여 이를 당정에게 올렸다. 당정은 백성의 바람에 따라 법을 제정하여 이를 주장에게 올렸다. 주장은 국군에게 올리고, 국군은 황왕에게 올렸다. 그러므로 그 법은 모두 민을 편하게 하는 것이다[便民].(「원목」)

'법'이란 것도 백성의 바람에 따라 정해진 것이다. 따라서 백성을 불편하게 하기 위한 것이 아니라 백성을 편하게 하기 위한 것이었다. 우두머리가 아래로부터 정해지듯 법도 아래로부터 위로 결정되어 올라간 것이다.

다산은 '목'과 '법'의 기원이 이러했던 것인데, 후세에 와서 사정이 달라져 우두머리와 법이 위에서 아래로 정해지게 되었다. 그리하여 마치 '백성이 목을 위해 생긴 것'처럼 보이게 되었지만, 본래는 '목이 백성을 위해 존재한다'는 것이 다산의 결론이었다.

「원목」의 논리는 「탕론」에서 되풀이 되었다. 「탕론」에서는 「원목」에서처럼 군주권의 존립 근거를 민에서 찾는 한편, 민의에 어긋난 군주를 방벌하는 행위의 정당성을 밝히고 있다. 지도자를 추대를 할 수 있듯이, 추대를 철회할 수 있기 때문이다. 부덕한 천자를 그만두게 할 수 있다.

군주란 모든 권한을 장악하고 왕정을 베풀어야

『대학공의』와 『상서고훈』 같은 경학 연구에서는 군주의 모습이 사뭇 달라진다. 『대학공의』는 1814년(53세) 가을에 『상서고훈』은 강진 유배기에 쓴 『상서』 연구서를 합치고 그 후의 연구 성과를 보태어 1834년(73세)에 완성했다.

『경세유표』는 경학 연구가 대체로 마무리 된 후인 1817년에 쓴 것이다. 『경세유표』의 논리는 경전 탐구, 즉 경학으로부터 도출하고 있다. 다산은 치국의 요령으로 경전의 뜻을 밝히는 것보다 우선인 것은 없다고 했다. 나쁜 법과 나쁜 정치는 모두 경전의 뜻을 제대로 밝히지 못한 데서 연유한다고 생각했던 것이다.(『경세유표』 제19권, 지관수제 부공제2)

『상서』 '홍범편' 주석에서 군주의 모습은 '황극皇極'이란 단어로 표현된다. 다산은 군주가 극을 세우며, 군주의 소임은 거두고[斂] 주는[錫] 것이라 했다. 이를 위해 군주가 권강權綱을 총람하고 오복五福을 장악해야 한다고 했다. 그런데 후세에 사람들이 사사로이 땅을 차지하여 군주에게 땅이 없으니 백성에게 부를 내릴 게 없고, 집마다 가르침을 세워 군주가 도를 펴지 못하니 백성에게 덕을 내릴 것이 없게 되었다는 것이다.

　황극론에서 보이는 '설관분직設官分職'이라는 군주의 과제는 『경세유표』에서 구체화되는데, 다산은 의정부-6조 체제에다 120개 기관을 20개씩 나누어 6조에 소속시켜 관제를 일원화시켰다. 군주를 정점으로 한 일원적인 관료체제였다. 다산은 이러한 체제가 일사불란한 군대처럼 가동되기를 기대했다.

　또한 군주가 거두고 나누어주기 위해 모든 것을 총람하고 장악해야 한다는 주장은, 『경세유표』에서 토지문제를 다룬 '전제'나 조세문제를 다룬 '부공제'를 중심 주제로 삼은 것으로 구체화되었다. 부공제 논의에서는 다음과 같이 황극론의 주장이 그대로 재론되었다.

　군주가 위에서 부를 장악해서 아래로 백성들에게 고르게 나눠주기 위해서 천하의 부귀의 권병을 위에서 총람해야 한다. 즉 전田·재財·산림山林·천택川澤 등이 모두 왕의 것이어서 백성들에게 나눠주어야 한다. 그런데 왕과 백성 사이에서 거두는 권한을 훔치고 나눠주는 은혜를 가로막으면 군주가 극을 세울 수 없고, 백성이 고르게 받을 수 없다. 탐관오리가 마구 징수하는 것이 거두는 권한을 훔치는 것이요, 호상豪商·활고猾賈가 이익을 독점하는 것이 나눠주는 은혜를 가로막은 것이다.(『經世遺表』 제11권, 地官修制 賦貢制 五, 「鹽鐵考 下」 참조)

　경학 연구와 경세학 연구에서 말하고 있는 군주의 모습은 아래로부터 정해지는 군주의 모습과는 다른 분위기이다. 군주의 위상을 매우 절대화하고 있는 느낌이 들기 때문이다. 그러나 다산이 강조하고 있는 군주의 존재는 사적인 농단을 강력하게 제어할 수 있는 공적인 존재였다. 그리하여 그의 권한 만큼이나 요구되는 바가 있다. 그것은 『경세유표』서문에서 군주에게 요구한 '유위有爲'의 정치와 '근勤·밀密'의 자세이다.

다산은『경세유표』서문에서 요·순의 정치를 도가적인 '무위無爲'로 해석하는 것을 반대하고, 군주가 앞장서서 부지런히 일하는, 적극적인 '유위有爲'의 정치를 강조했다. 서문에서 강조한 개법수관改法修官도 유위의 정치라고 할 수 있다. 당시 주류였던 주자학적 정치론은 군주가 자기 수양에 힘쓰면 정치는 자연히 잘 될 것이라는 '무위'의 정치론을 폈다. '유위'의 정치는 이에 대한 강력한 반론이라 할 수 있다.

그리고 근면함[勤]과 치밀함[密]을 군주의 덕목으로 제시했다. 위임하는 방식이 아니라 직접 치밀하게 챙기면서 독려하는 방식이었다. 대신들도 마찬가지이다. '큰일만 챙기는 것[持大體]'이 전부가 아니다. 다산은 요·순을 보좌한 인재들이 맹렬하게 분발하여 임금의 팔다리와 이목이 되었다는 점을 강조했다. 군주만이 홀로 정사를 펴는 것이 아니었다. 부지런함과 치밀함은 군주를 중심으로 한 일원적인 시스템이 제대로 작동하도록 하는 것이다. 유위의 정치론에 필요한 군주와 신료의 덕목이었다.

관직시절에 쓴「원목」,「탕론」등에서는 군주의 연원, 군주권의 정당성 근거에 관해 논했고 그것을 민民에서 찾았다면,『경세유표』에서의 군주는 이상적인 정치를 할, 또한 이를 위해 국가를 개혁할 군주의 모습과 소임을 제시하고 있다.

다시 간추려 보면,『경세유표』는 국왕이 중심이 되어 적극적으로 실천할 국가제도개혁안이었다. 그리고 그것은 그가 연구했던 경전에서 드러난 옛 성왕(요·순·우·탕·문왕·무왕·주공)들의 정치를 이상으로 삼은 것이다. 이를 다른 말로 '왕정王政'이라 할 수 있다.

4. 낡은 나라를 새롭게

제도 개혁을 하지 않을 수 없다

앞에서 소개했듯이, 다산은 「자찬묘지명」에서 『경세유표』를 쓴 까닭을 말하고 있다. 바로 '신아지구방新我之舊邦'이다. 우리의 오래된 나라, 혹은 낡은 나라를 새롭게 하기 위한 것이다. 이것은 달리 말하면 '제도 개혁'을 의미한다. 그래서 저서의 서문에서 다산은 개혁론을 전개하고 있다.

다산은 우선 개혁론에 대한 선입견적인 거부감을 지적했다. 법을 조금이라도 변경해야 한다고 말하는 자가 있으면, 그를 '왕안석'이라 지목하고 무리 지어 공격을 한다는 것이다. 왕안석은 송나라의 개혁가였다. 그러나 그의 개혁은 원래의 의도대로 성공하지 못했다. 그 결과 조선의 위정자들은 왕안석을 거명하는 것으로 개혁 거부의 의사를 표현하곤 했다. 다산은 이러한 반反개혁적 풍토가 큰 병통이라고 했다.

법과 제도란 필요하면 바꾸는 것이다. 다산은 역사적 선례를 들어 주장했다. 옛날에 아무리 온갖 정성과 지혜를 다해서 만세를 위해 만든 법이라도 시대가 흐르면 변경하지 않을 수 없다. 또한 왕조가 바뀌고도 재주와 식견이 부족하여 전 시대의 불합리한 법과 제도를 답습하곤 했다. 요컨대 법과 제도란 것이 불변인 것으로 고집할 수 없다는 것이다.

다산은 또한 우리 역사 속의 개혁사를 예시하여 그 정당성을 옹호했다. 효종이 공법貢法을 바꾸어 대동법을 시행하고, 영조가 노비법, 군포법, 한림천법翰林薦法 등을 고친 사실을 들면서, "이것은 모두 천리에 합당하고 인정에 화합하여, 마치 사계절이 서로 갈음하여 바뀌지 않을 수 없는 것과 같았다"고 말했다. 당시에는 개혁을 반대하는 논의가 대단히 거셌지만 이를 극복하고 시행한 결과 효험을 보고 백성이 편안해졌다는 것이다.

개혁을 거부하는 논리 가운데 하나가 또한 "조종祖宗이 제정한 법을 논의할 수 없다"는 논리였다. 이에 대해 다산은 반박했다. 조종의 법이란 게 대개 왕조 초기에 제정된 법인지라, 천명이 환하게 밝혀지지 않았고 인심이 안정되지 않았으며, 여러 세력들의 원망을 회피하려다 보니, 지난 제도를 답습하는 경우가 많았다는 것이다. 조종지법이라 하여 고수할 것이 아니며 오히려 미비하여 손질할 게 많다는 주장이다.

이처럼 법제法制의 개변改變을 부정하는 반개혁론을 논박하여 개혁의 정당성을 주장한 다음, 다산은 한 걸음 더 나아가 개혁의 절박함을 주장했다.

> 그윽이 생각건대, 대개 털끝만큼 작은 일이라도 병폐 아닌 것이 없으니, 지금에 와서 고치지 않으면 반드시 나라를 망치고야 말 것이다. 이것이 어찌 충신과 지사가 팔짱 끼고 방관할 수 있는 것이겠는가.

반계수록(실학박물관 소장)

오래된 법제의 폐단이 만연하고 심각해서 법제의 개변이 시급하다는 것이다. 그렇지 않으면 나라가 망할지도 모른다는 절박감을 토로하며, 뜻있는 사람이라면 수수방관할 수 없다고 한 것이다.

서문에 이러한 개혁론은 편 것은 『경세유표』가 개혁안을 제시한 것이기 때문이다. 그런데 그 개혁안이 한두 주제에 국한된 것이 아니라, 국가제도 전반에 관한 것이었다. 이런 논의를 제시하면서, 다산은 자신의 처지가 재야의 1인에 불과하며 더욱이 유배에 처해진 신분이라는 게 마음에 걸렸던 모양이다. 다음과 같이 해명했다.

『주역』 「간괘艮卦」에 "생각이 제 위치를 벗어나지 못한다"고 했고, 군자는 "그 지위에 있지 않으면 그 정사에 참여하지 않는다"고 했으니(『논어』 「태백泰伯」에 나옴), 죄에 연루된 신하로서 감히 나라의 예법[邦禮]을 논하겠는가. 논하지 못할 것이 당연하다. 그러나 반계磻溪 유형원柳馨遠이 법 고치는 일을 논의했어도 죄를 받지 않았고, 그의 글도 나라 안에서 간행되었으니, 그 말을 쓰지 않았을 뿐이지 그 말을 한 것은 죄가 되지 않았다.

여기서 자신의 노력을 반계 유형원의 그것과 비견하고 있다. 어조는 해명의 차원이지만, 그 의미는 소극적인 데 그치지 않는다. 반계 유형

주례정초(대전시립박물관 소장)

원의 『반계수록』을 잇는 중대한 작업으로, 자신의 저술을 위치시키는 적극적인 의미가 있었다.

개혁안은 수정·윤색할 수 있다

『경세유표』의 서문은 '경세유표인經世遺表引'이라는 이름으로 실려 있는데, 그의 시문집에는 같은 내용이 '방례초본서邦禮草本序'라는 이름으로 실려 있다. 여기서 『경세유표』의 원래 이름이 '방례초본'이었다는 점을 상기할 필요가 있다. 이 이름에서도 이 저서의 성격과 내용을 알 수 있다.

첫째, '방례邦禮'다. 이는 '주례周禮'에 상응하는 말이다. '주례'가 주周나라의 예라면, '방례'는 우리나라의 예다.

『주례』라는 책은 위서의 논란도 있지만, 중국 역대 왕조와 우리나라에서 국가

경국대전(국립중앙박물관 소장)

제도를 정비하고 개혁하는 데 중요한 아이디어를 제시해주었던 책이다. 이른바 '육전체제'가 그 대표적 내용이다. 『주례』의 목차는 천관·지관·춘관·하관·추관·동관 여섯으로 구성되어 있다. 인간의 질서를 자연의 질서에 맞추고자 한 것이다. 하늘과 땅의 불변성과 함께, 춘하추동의 변화를 반영한 것을 알 수 있다. 그리고 육관에 상응하여, 치전·교전·예전·정전·형전·사전의 육전체제로 관제를 편성했다. 이전·호전·예전·병전·공전의 육전체제가 이를 따른 것이다.

정도전의 『조선경국전』, 조선의 성문헌법이라 할 수 있는 『경국대전』 등이 모두 『주례』의 육전체제에 입각해 있었다. 따라서 경세가들은 줄곧 『주례』에 관심을 갖고 그에 근거하여 개혁안을 제시하곤 했다. 유형원의 『반계수록』도 마찬가지였으며, 『경세유표』는 그러한 경세서의 전통을 잇는 것이었다.

'방례邦禮'란 이름에서 또한 주목할 것이 바로 '예禮'라는 단어다. 다산은 서문의 첫머리에서 『경세유표』에서 논한 것이 통상 법(제도규범)이라 하는 것인데, 왜 '예'라는 이름을 붙였는지 설명하면서 '예치禮治'를 선언했다. 다산은 천리에 합당하고 인정에 화합한 것을 '예'로, 위협으로 두렵게 하여 강제적으로 따르게 하는 것을 '법'으로 구분했다. 이런 구분에 의할 때, '법'을 법(제도규범)으로 삼지 않고 '예'를 법(제도규범)으로 삼아야 한다는 것이다. 즉 강제적인 의미의 법法에 의하지 않고, 천리天理에 합당하고 인정人情에 화합하는 예禮로써 정치를 해야 한다는 취지이다.

둘째, '초본草本'이다. 다산은 '초본'이라 이름 붙인 것을 다음과 같이 설명했다.

'초본艸本草本'이라 한 것은 무엇 때문인가? '초艸'라는 것은 수정과 윤색을 필요로 하는 것이다. 식견이 얕고 지혜가 짧으며, 경력이 적고 견문이 고루하며, 거처하는 곳이 후미지고 서적이 모자라면, 비록 성인이 택했다 해도 능숙한 자로 하여금 수정·윤색하게 하지 않을 수 없다. 수정·윤색하지 않을 수 없는 것이 어찌 초가 아니겠는가?

자신의 개혁안이 꼭 절대적인 것일 수 없으며 꼭 자신이 주장한 대로 시행되기를 고집하지 않는다는 것이다. 계속적인 수정, 윤색이 필요한 초본임을 강조했다. 다만 자신의 개혁안 가운데 15가지를 불가역不可易 사항을 열거하기도 했다. 그것만큼은 자신의 제안대로 시행되기를 기대했다는 점에서 각별한 의미를 부여할 수 있다. 그 외에는 수정을 가할 수 있으며, 또한 일단 시행해보면서 개혁안을 다듬을 수 있다는 의견을 피력하고 서문을 다음과 같이 끝맺었다.

> 소소한 조례條例와 자잘한 명수名數에 혹 구애되어 통하기 어려움이 있는 것들이야 어찌 굳이 내 소견을 고집하여 한 글자도 변동할 수 없다 하겠는가. 그 고루한 것은 용서하고 편협한 것은 공평하게 하여, 수정하고 윤색할 것이다. 혹 수십 년 동안 시행하여 그 편리한가의 여부를 징험해 보고 난 다음, 금석金石 같은 불변의 법전으로 만들어서 후세에 전한다면 이것이 또한 지극한 소원이며 큰 즐거움이 아니겠는가.

> 잘 정비된 수레를 잘 길들여진 말에 멍에를 메우고도 좌우로 옹위하고 수백 보쯤 전진시켜 보아 그 장치가 잘 되었는지를 시험한 뒤에야 동여매고 몰아가는 것이다. 왕이 법을 제정하여 세상을 이끌어가는 것이 이것과 무엇이 다르겠는가. 이것이 곧 초본이라 이름하는 까닭이다. 아, 이것이 초본이 아니겠는가.

개혁안을 제시하는 사람으로서, 이러한 유연성을 견지하는 것은 매우 필요하고 실제적인 태도라고 생각한다. 개혁안을 둘러싸고 과도하게 엄격한 태도는 소모적 논쟁으로 그치게 할 공산이 크기 때문이다. 수정·윤색의 과정에서 이해 관계자들의 의견도 반영하고 설득도 할 수 있는 것이다. 또한 제도 개혁이란 시행 과정에서 얼마든지 부작용이 발생할 수도 있다. 그럴 경우 개혁안의 원래 취지가 구현될 수 있도록 당초 개혁안을 수정할 필요가 있는 것이다.

5. 군주 중심의 일원적인 관료체제

120개 기구를 일사불란하게

『경세유표』에는 어떤 내용이 담겨 있나? 일단 목차를 통해 일별해보자. 판본마다 목차가 다소 다른데, 1930년대에 신조선사에서 간행한 『여유당전서』에는 『경세유표』가 15권으로 구성되어 있으며, 그 목차는 다음과 같다.

제1권 천관 이조/ 지관 호조/ 춘관 예조

제2권 하관 병조/ 추관 형조/ 동관 공조

제3권 천관수제(동반관계·서반관계·종친훈척·외명부·외관지품/ 삼반관제/ 군현분예)

제4권 천관수제(군현분등/ 고적지법)

제5권 지관수제(전제 1~3)

제6권 지관수제(전제 4~6)

제7권 지관수제(전제 7~9)

제8권 지관수제(전제 10~12)

제9권 지관수제(전제별고 1~3)

『경세유표』는 크게 두 부분으로 구성되어 있다. 먼저 제1권에 천관天官 이조吏曹, 지관地官 호조戶曹, 춘관春官 예조禮曹를, 제2권에 하관夏官 병조兵曹, 추관秋官 형조刑曹, 동관冬官 공조工曹를 두어 관료기구 전체를 포괄했다. 앞에서 말했듯, 이러한 6조 체제는 『주례』의 육전체제를 따른 것이다.

그리고 제3권부터 제15권까지 나머지 부분에서 육전체제에 맞추어 천관수제, 지관수제 등 수제修制를 다루고 있다. 중요한 제도에 관해 운영 개혁론을 상세히 개진하고 있는 것이다. 이 뒷부분도 육전체제에 따랐는데, 추관수제와 동관수제는 없다.

다산은 전체 관료 기구를 120개로 한정하고, 20개씩 6조에 소속시켰다. 다산은 이것을 자신의 의사대로 되길 바라는 15개 불가역 조항의 하나로 꼽았다. 이로써 국왕-의정부-6조-120아문의 일원적인 체계를 이루고 있다. 각 기관별로 관직, 인원과 기능을 설명하면서 자신의 의견을 피력하고 있다. 몇 가지 보면 다음과 같다.

"종친부·충훈부·의빈부·돈령부·중추부를 5상사라 불렀는데, 6조에 소속되어
있지 않았다. 선왕先王의 법은 모든 관원을 육관六官에 소속시켰다. 오직 삼공
三公만이 육관의 위에 있었다. 군주가 입법함에 마땅히 엄하고 간략함이 이와
같아야 한다."(『경세유표』 제1권. 천관이조 치관지속)

종친부, 의빈부 등 왕실 관련 기구를 이조에 소속시켰다는 것은, 조
직상 왕실을 특별하게 취급하지 않았다는 의미가 있다. 국왕의 근시 기
구인 승정원은 이조에 소속시키고, 의금부는 형조에 소속시켰다.

또한 의정부를 정상화시켰다. 임시기구였던 비변사가 비정상적으로
비대해져 의정부를 대신했는데, 이를 없앴다. 비변사가 맡았던 변무 업
무를 유명무실해진 중추부에 넘기고 중추부를 병조에 소속시켰다. 요
컨대 『경국대전』의 관제처럼 의정부-6조 체제를 회복시키고 있다.

조선시대에는 사헌부, 사간원, 홍문관이 언론 3사로서 정치기구로서
의 특성과 특권이 있었다. 그런데 사간원, 홍문관은 예조에 소속시키고,
사헌부는 형조에 소속시켜서 정치기구로서의 특권을 배제하고 있다.
이는 이들 기구가 제대로 된 언론 기능을 하지 못하고, 당쟁을 격화시
키는 역할을 했다는 반성에 따른 것이다.

형조에 향리를 관장하는 장서원을 소속시켜, 향리의 정원을 제한하
고 세습을 금지하도록 했는데, 다산은 이를 불가역 조항으로 꼽고 있
다. 다산이 향리의 농간과 부정을 심각하게 여겼기 때문이다.

산업을 진흥시키고 국가재정을 넉넉하게 하기 위한 노력이 기구 구
성에 반영되어 있었다. 우선 호조의 경전사經田司가 주목되는데, 이는

정전제井田制 실시를 한 기구였다. 다산은 당시 전정田政 문란이 극심하다는 것을 문제의식으로 갖고 있었다. 호조에 고대의 제도를 근거로 교육기능을 부여한 것도 특이한 점이다.

공조의 기구가 강화된 것도 재정 강화의 맥락에서 볼 수 있다. 먼저 공조 소속으로 신설한 이용감이 주목된다. 외국에서 선진 기술을 배워오는 것을 전담하게 한 것이다. 이는 이용후생과 부국강병을 위한 것이었다. 수레와 도로를 위한 전궤사, 선박을 위한 전함사, 기와와 벽돌을 위한 견와서, 동전 주조를 위한 전환서 등의 기구도 주목된다. 이용감을 신설할 것과 동전 주조로 금은이 외국으로 빠져나가는 것을 막을 것은 불가역조항으로 꼽았다.

다산은 국왕 중심의 일원적 관료체제가 일사불란하게 움직이는 것을 이상적인 상태로 보았다. 그런 맥락에서 청요직 같은 것을 부정했다.

왕자王者가 관직을 설치해서 직무를 분담시킨 것은 하늘의 일天工을 대리하는 것이다. 삼공·육경·백집사百執事의 신하는 모두 군주의 덕을 돕고 사람의 기강을 세우며, 예악禮樂·형정刑政·재부財賦·갑병甲兵까지 그 진실하고 급절急切한 일에 마음을 다해야 한다. 그리고 문사文詞에 부천浮淺한 재주와 청화淸華하고 뛰어난 관직은, 모두 세도를 해치고 나라 정사를 병들게 하기에 족하며, 이 관직에 있는 자에게 그 이름을 영화롭게 하고, 그 자손을 윤택하게 하는 데 불과할 뿐이다. 이것이 사대부에게는 조그만 이익이지만, 국가에게는 심각한 피해이다. (『경세유표』 제1권, 춘관예조 예관지속)

제3권 이하에서는 수제라는 이름으로 제도 개혁론을 전개하고 있다. 천관수제에서는 이조의 관제 운영 개혁론을 폈는데, 전국을 12성으로 재조정하는 내용과 '고적법'이 주목된다. 고적考績은 관리의 성적을 평가하는 것이다.

> "후세에 고적할 때는 오직 미관말직의 출신이 천하고 가련한 자들만 평가를 했다. 순임금의 고적은 원훈과 대신이라도 봐주지 않았다."(『경세유표』 제4권, 천관수제 고적지법)

다산은 고적에 하위직을 제한하고 고위직이 빠진 것을 지적하면서, 고적의 대상에 영의정을 비롯한 모든 관료를 포함시켰다. 고적 방법으로는 '주적奏積' 방식이 요령이라고 했다. 주적 방식이란 군주와 얼굴을 맞대고 스스로의 공적을 아뢰는 것이다. 평가 항목 등도 평가 대상에 따라 상세히 규정할 것을 요구하고 구체적 안을 제시했다. 요와 순이 요순의 정치를 한 것도 '고적' 한 가지 일에서 벗어나지 않았다고 다산은 강조했다. 이러한 적법도 불가역조항의 하나였다.

지관수제, 즉 호조 관련 개혁안은 제5권에서 제14권까지 3분의 2를 차지하고 있다. 그것은 산업내지 재정을 위한 것이었다. 먼저 '전제田制(토지제도)'가 5권을 차지할 정도로 많은 부분을 할애했다. 그리고 이어서 '부공제'가 2권을 차지했다. 이 부분의 내용은 장을 달리하여 살펴보기로 한다.

마지막 제15권에는 춘관수제와 추관수제인데, 각각 예조에 속하는 과거제도와 병조에 속하는 무과 선발과 진보鎭堡제도에 관한 것이다. 관인官人과 관련해서 불가역조항으로 든 것을 보면, 3관三館과 3천三薦의 법을 혁파해서 신진은 귀천을 구분하지 말 것, 능陵을 지키는 관직을 처음 벼슬하는 자에게 맡기지 말 것, 대과와 소과를 합쳐서 하나로 만들고 급제자 36명을 뽑되 3년 대비大比 외에 증광增廣·정시庭試·절제節製 따위를 없애 사람 뽑는 데 제한이 있도록 할 것, 문과와 무과의 정원을 같게 하고, 과거에 급제한 자들은 모두 관직에 보임되도록 할 것 등이다.

형조와 관련한 추관수제와 공조와 관련한 동관수제는 아예 없다. 그 부분은 각각 『흠흠신서』와 『목민심서』가 보완하는 셈이어서 달리 보완하지 않았다는 해석이 있다.

다산은 『대학공의』와 『상서고훈』 등의 경학 연구에서, 정치의 두 가지 과제를 '용인用人'과 '이재理財'로 파악했다. 또한 사람의 대표적인 욕구로 '귀욕貴欲'과 '부욕富欲'을 들었다. 귀욕이 강한 자에게는 사람을 제대로 쓰는 용인이 큰 문제이고, 부욕이 강한 자에게는 이재가 큰 문제이다. 『경세유표』의 내용도 바로 '용인'과 '이재'로 파악할 수 있다. 엄격한 고적제도, 과거제 개혁안 등은 용인의 문제이다. 그런가 하면 정전제와 부공제는 이재의 문제이다. 정전제와 부공제를 이어서 보기로 한다.

6. 모두가 일하는 넉넉한 나라

가르치려면 부유하게 해주어야

'지관수제'에 해당하는 부분, 즉 호조에 관련한 제도 개혁안을 보기로 하자. 5권을 차지하는 '전제田制'는 1에서 12까지 나눠져 있고 이 가운데 9~12가 '정전의井田議'이다, '전제별고' 1~3이 추가되어 있다. 이처럼 '전제'에 많은 비중을 할애한 것은 그만큼 중요하게 여긴 것이다.

> 경계經界란 왕정王政의 근본이다. … 공자가 왕정을 논하면서 '먼저 부유하게 한 다음에 가르친다'고 했고, 맹자가 왕도를 논하면서 먼저 백묘百畝를 말하고 나서 효제孝悌를 말했다. 무릇 오교五敎가 급한 것이기는 하지만 전정田政보다 뒤였다. 왕정은 경계經界보다 큰 것이 없다.
>
> 경계가 바르지 않으면 호구戶口가 분명치 않고, 경계가 바르지 않으면 부역이 고르지 않고, 경계가 바르지 않으면 교화가 일어나지 않고, 경계가 바르지 않으면 군사 장비를 기댈 데가 없으며, 경계가 바르지 않으면 간활奸猾이 그치지 않고, 경계가 바르지 않으면 사송詞訟이 날로 번잡해진다. … 왕정은 경계보다 큰 것이 없다. (『경세유표』 제7권, 지관수제 전제 9)

여기서 경계經界란 경계를 다스리는 것, 즉 전제(토지제도)를 다스리는 것이라 풀이할 수 있다. 『맹자』에서 "인정仁政이란 경계로부터 시작된다"고 했다. 효도와 우애를 가르치기 전에 백성을 넉넉하게 해야 하는데, 그러자면 농업사회의 근간인 토지제도를 잘 해결해야 하는 것이다.

다산의 전제는 정전론井田論으로 시작한다.

> "정전井田이란 성인이 세우신 경법經法이다. 경법이란 옛날이나 지금이나 통할
> 수 있는 것이다. 옛날에는 행하기 편리했는데 지금에는 불편하다는 것은, 반
> 드시 그 법이 밝혀지지 않은 것이 있어서 그런 것이지 천하의 이치가 옛날과
> 지금의 차이가 있어서 그런 것이 아니다."(『경세유표』제5권, 지관수제 전제 1)

다산은 정전제 실시가 현실적으로 불가하다는 주장에 대해 반론을
전개했다. 이러한 반론은 의외이다. 왜냐하면 다산이 관직시절인 38세
에 쓴「전론田論」(1799)에서 말한 것과 내용이 다르기 때문이다. 다산은
여기서 정전제井田制가 본디 한전旱田 평전平田에 시행하는 것이라 이미
수전水田이 발달하고 산골짜기까지 개간되어 경작하던 당시에는 맞지
않다고 보았다. 그런데『경세유표』에서는 반대로 정전제의 실현 가능
성을 주장한 것이다.

다산은「전론」에서 정전제 이외의 토지제도에 대해서도 비판했다.
토지를 균등하게 나누는 균전제均田制는 인구변동과 비옥도 차이로 시
행하기 어렵다고 보았다. 토지소유 상한을 제한하는 한전제限田制는 남
의 이름을 차용하여 위반할 수 있다고 보았다. 또 균전이나 한전은 농
사짓지 않는 사람도 경작지를 소유한다는 점에서 놀고먹기를 가르치
는 것과 같다고 했다.(이상「전론」2)

'부익부 빈익빈富益富 貧益貧'의 현실을 고발하는 것으로 시작한「전
론」에서, 다산은 이들 제도 대신 '여전제閭田制'를 주장했다. 여閭는 산

골짜기와 하천에 의해 경계를 삼아 구획한 것으로, 그 규모를 대략 30家 내외가 포함되는 것으로 잡았다.

> 여閭에는 여장閭長을 두고, 1려閭의 전지田地는 1려의 사람들이 다함께 그 전지의 일을 다스리되, 네 것 내 것 경계 없이 오직 여장閭長의 명령만을 듣는다. 하루하루 일할 때마다 여장은 장부에 기록해 둔다. 추수를 하면 오곡의 곡물을 모두 여장의 당堂(여 안의 도당都堂)에 운반하여, 그 양곡을 나눈다. 먼저 공가公家의 세稅를 바치고, 그 다음에 여장閭長의 녹祿(봉급)을 주고, 그 나머지를 일한 날을 기록한 장부에 따라 분배한다.(「전론」 3)

선출된 여장의 지휘 아래, 여 안의 토지[여전]를 여민이 공동으로 경작한다. 여민의 노동은 날마다 장부에 기입한다. 그리하여 추수 때에 수확한 곡물을 한 곳에 모아서 나라에 바치는 세금과 여장에 주는 봉급을 공제한 다음, 그 나머지를 장부에 기재된 노동일수에 따라서 여민에게 분배한다. (이상 「전론」 3)

여에 따라 토지당 노동비율과 토지생산성이 달라 수익에 차이가 날 수 있다. 이런 문제는 농민의 자유로운 이동을 허용함으로써 해결할 수 있다. (이상 「전론」 4)

공업이나 상업에 종사하는 사람도 공산물이나 재화로써 곡식을 바꿀 수 있다. 다만 선비가 문제다. 일을 않고 노는 선비라면, 농사를 짓든지 공업이나 상업에 종사하게 한다. 선비가 실업實業의 이치를 강구하여 실제에 도움을 준다면 그 공로로 1일 노역을 10일로 기록하고 양곡

을 분배해 줄 수 있다. 결과적으로 누구도 놀고먹는 불로소득자는 없게 된다. (이상 「전론」 5)

이와 같이 「전론」에서는 '여전제'를 제시했는데, '경자유전耕者有田'의 원칙을 전제하고, '공동경작'을 통해 '일한 만큼 산출물을 분배함'으로써 '만인개로萬人皆勞'의 원칙을 관철하고 있다.

관직시절인 30대에 이와 같이 주장했던 것인데, 50대에 쓴 『경세유표』에서는 다른 주장을 펴고 있다. 특히, 정전제에 대한 입장이 달라졌다. 그의 문집에는 「전론」과 『경세유표』가 함께 수록했는데, 일부 판본에서는 「전론」 서두에 "이것은 기미년(38세)에 지은 것으로, 만년에 논한 바와 다르지만, 지금 또 기록해 둔다"는 문장이 첨가되어 있다. 다산도 스스로 차이를 인식한 것이다. 더욱이 이어서 "황皇이 오복을 거두어 백성에게 준다"는 황극론 핵심 문구를 덧붙였다.

모두에게 직업을, 농민에겐 농지를

'전제' 1~8은 정전법의 원리와 의의를 경전과 역사 속에서 검토했다. 그리고 9~12의 '정전의'에서 다산이 구상하는 정전법 실현 방안을 밝히고 있다. 몇 가지 보면 다음과 같다.

첫째, 다산이 정전법을 파악하기에, 모든 토지를 우물 '정井'자의 형태로 바둑판처럼 반듯하게 구획하여 중앙에 공전을 둔 것이 아니라고 보았다. "정전법은 오직 평평하고 기름진 땅에다 때로 1정을 구획한 다음 법의 비율을 세워서 만민에게 보이고, 1/9로 하는 큰 법을 정했을 뿐이다."(『경세유표』 제5권, 지관수제 전제 1, 정전론 3) 정井을 만들 수 없는

논갈이, 《단원 풍속도첩》(국립중앙박물관 소장)

대장간, 《단원 풍속도첩》(국립중앙박물관 소장)

곳은 정의 내용이 되게 계산했다. 토지의 면적을 계산하여 공전 1과 사전 8의 실질을 갖게 했다는 것이다.

　다산은 이러한 1/9세의 시행으로 증세 효과를 거둘 것으로 보았다. 또한 공전 이외의 사전에는 한 푼도 거두어 가지 않음으로써 근로의욕을 높여 생산성을 높일 것으로 보았다. 한편, 당시 토지의 비옥도나 풍흉을 반영한 결부법을 경묘법으로 바꾸어야 한다고 주장했다. 왜냐하면 결부법은 양전 단계부터 뇌물이 오가는 농간이 개입될 여지가 있다고 보았기 때문이다.

　둘째, 전지田地를 모든 사람에게 나누어주지는 않았다고 했다. 전지는 농사할 만한 사람에게만 나누어주어야 한다.

선왕의 뜻은 천하 백성들로 하여금 모두 고르게 전지田地를 얻도록 하려는 것이 아니고 고르게 직職을 받도록 하려는 것이었다. 농사 직업을 받은 사람은 전지를 다스리고, 공工을 직업으로 받은 사람은 기물을 다스리며, 상인은 재화를, 목자牧者는 가축을, 우자虞者는 재목을, 빈자嬪者는 직포를 다스려, 각각 그 직업으로 먹을 것을 얻는 것이다. 다만 농사를 직업으로 하는 사람이 많아서 선왕이 이를 중하게 여겼을 뿐이다.(『경세유표』 제6권, 지관수제 전제 5)

다산은 균전均田의 원칙이 아닌 균직均職의 원칙을 분명히 밝히고 있다. 다산의 정전론은 9직론과 결합하고 있다. 농사는 9직의 하나일 뿐이다. 농업이 주업이긴 하지만 농업을 뛰어넘는 산업의 분업과 협업을 고려하고 있는 것이다.

"백성의 직업에는 아홉 가지가 있다. 첫째 사士, 둘째 농農, 셋째 상商, 넷째 공工, 다섯째 포圃(원예업), 여섯째 목牧(목축업), 일곱째 우虞(임업 및 양어업), 여덟째 빈嬪(직조업), 아홉째 주走(직업 없이 노는 자가 삯을 받고 달려가 일하는 것)이다."(『경세유표』 제8권, 지관수제 전제 12)

셋째, 다산은 이념적으로 모든 토지는 왕전王田이란 생각을 가지면서도 토지 사유의 현실을 받아들이고 있다. 전지를 전부 몰수하여 농민에게 나눠주는 것은 옛날의 법이라며, 이것이 불가능한 현실에서 천하의 전지를 전부 측량하여 우선 9분의 1을 받아서 공전으로 만드는 것을 차선책으로 제시했다. 그리하여 '공전公田'의 확보 방안을 다양하게 제시하고 있다. 그리고 '사전私田'의 배분원칙에 대해서 균평보다 생산성을 원칙으로 하고 있다.

> 전지田地를 나누는 방법은 전지를 다스리는 데 중점이 있지 살림을 마련해주기 위한 것이 아니다. 누가 계구분전計口分田(식구 수에 따라 전지를 나누어 줌)을 말하는가? 군대를 편성하고 굳센 병졸을 선발하듯, 노동 인원이 많고 적음에 따라 힘의 세고 약함에 따라, 강한 자에겐 좋은 땅을 주고 약한 자에겐 나쁜 땅을 주는 것이다. (『경세유표』 제6권, 지관수제 전제 4)

필요에 따라 경작지를 나눠주는 것이 아니라 능력에 따라 경작지를 나눠준다. 다산의 의도는 균산均産이 아니라 증산增産에 있음을 알 수 있다.

정전제는 주곡 생산의 농업 부분과 관련된 것이다. 다른 산업에서는 부공제賦貢制가 적용된다. 즉 국가 재정을 확보하는 조세징수 방안으로 정전제와 부공제가 있는 것이다. 민생과 재정을 위해 다산의 개혁안에는 정전론, 구직론, 부공제 등 세 제도가 결합되어 있다. 군포의 법을 없애고 9부賦의 제도를 정리하여 민역民役을 크게 고르도록 하는 것을 불가역조항으로 꼽았다.

제12권의 '창름지저'에서는 환곡제도의 역사와 개혁안을 제시하고 있다. 19세기에 3정의 문란은 심각했다. 그것은 전정·군정·환정(환곡)의 문란이었는데, 환곡의 폐해가 가장 심했다. 다산은 사창社倉의 한도와 상평常平의 법을 정해 농간과 부정을 막을 것을 불가역조항으로 꼽았다.

다산의 「홍범」 황극론에 비추어 보면, 정전제와 부공제는 군주가 해야 할 일을 하기 위한 것이다. 정전제는 백성이 먹고 살 물자를 나눠주는 것이요, 이는 거둬갈 조건을 마련하는 것이기도 하다. 부공제는 나라의 경영을 하기 위해 거둬가는 것이요, 유사시 나눠줘야 할 것을 준비하는 것이기도 하다.

7. 맺음말

다산의 학문에서 주요한 특징은 '수기'에 머물지 않고 '치인', 즉 '경세'의 방략을 제시하는 것이며, '도'에 그치지 않고 '기'를 탐구하는 것이다. 또한 다산의 학문에서 양자는 서로 긴밀하게 연결되어 상호 보완되는 것이다.

『경세유표』는 사공事功을 중요시 하는 입장에서 제도를 논하고 있다. 경세서 '1표 2서'는 서로 유기적이고 보완적으로 연결되어 있는데,『경세유표』가 경세서의 대표라 할 수 있다. 다만 현행 법제를 전제로 운영을 말하는『목민심서』가 더 실용성은 더 높을 수 있다.

『경세유표』는 국가제도 전반에 관한 개혁안 내지 개혁론이다. 더 이상 지체할 수 없다는 절박한 마음에서 쓴 것이다. '유표'라는 이름에서 군주에게 바치는 국가제도 개혁안이면서, 당대에 수용되기 어렵다는 생각에 죽어서라도 받아들여지기를 바라는 절실한 마음이 담겨 있다.

처음 이름이 '방례초본'이었듯, '주례'를 모델로 하며, '예치'를 선언했다. 이는 삼봉 정도전의 『조선경국전』, 반계 유형원의 『반계수록』과 같은 '경세서'의 계보를 잇는 것이었다. 다산의 개혁론은 고대의 경전해석을 근거로 한다. 단순히 상고주의로 치부할 수는 없고, 탁고개제托古改制의 접근이라 할 수 있다. '초본'이라 명명한 것은 수정·윤색의 유연성을 견지한 것인데, 그럼에도 15가지의 불가역조항을 열거하기도 했다.

중앙관서의 체계를 보면, 국왕-의정부-6조-120개 기구로, 군주 중심의 일원적 관료체제를 제시했다. 다산은 부지런하고 치밀한 군주와 관료의 상을 제시했다. 그에게 군주는 공적 존재로서 막중한 책임과 권한을 소지하고 있다. 국왕 중심의 일사불란한 관료체제는 영명한 군주가 있어야 할 것으로 보인다. 사적 농단을 경계하는 공공성을 추구하고 있지만, 견제와 균형 원리가 약해 보인다.

『경세유표』의 내용은 '용인'과 '이재'의 관점에서 파악할 수 있다. 다산은 모든 관리의 성적을 평가하는 고적법이 시행될 것을 강조했다. 이재는 당시 3정 문란이 극심한 현실에서 민생을 살리고 국가재정을 확보하는 방향으로 제기되었다.

그는 '정전제 불가론'이나 '기계적 정전론'을 지양하고, 정전제의 실현가능성을 모색하여 제시했다. 그의 정전론은 균전均田이 아닌 균직均職의 원칙에 서있었다. 농업은 전체 산업의 하나일 뿐이었다(9직職론). 주곡 생산이 아닌 산업에는 부공제가 적용되어, 경지에서 거두는 1/9조와 부공이 국가의 양대 재원이 되도록 했다. 또한 다산의 경제론은 균산보다 증산에 방점이 있었다.

『경세유표』는 다산의 해박한 경학 연구와 현장 경험이 결합되어 논리가 정연하다. 다만 짧은 논설에서 밝힌 간명한 원칙과 모순되는 듯한 요소들이 있었다. 또한 현실의 상황을 살피고 시행의 가능성을 모색하는 만큼 기본적으로 개량적이다. 그나마도 군주에게 올려 시행될 기회를 갖지 못했다.

시행되었다 하더라도 과연 타당했을지 두 가지 문제를 제기해 본다. 첫째, 그가 생각한 군주권 강화가 시대적 흐름에 부합하고 타당했는가 하는 의문이 있다. 둘째, 효율성과 생산성을 추구하는 그의 아이디어는, 부익부 빈익빈에 대한 그의 비판적 문제의식과 다르게, 빈부격차를 가중시켜 평등과는 먼 결과를 낳을 수 있다는 점이다.

그렇지만『경세유표』는 당시 조선의 현실을 냉정하게 파악하고 있으며, 이를 극복하기 위한 다양한 논의와 선례를 다루고 있다. 곧 국가 제도에 관한 다산의 포괄적인 안목과 절실한 고민이 담겨 있는 것이다. 따라서 '국가 체제 개혁론 최후의 그리고 최고의 원형', '유교국가론의 완결판'이란 평가를 받고 있다.

『경세유표經世遺表』(『정본 여유당전서』 http://db.itkc.or.kr; 이익성 번역 참조)

강석화, 「다산의 중앙정부조직안과 관료제의 공적 운영」, 연세대학교 강진다산실학 연구원, 『다산과 현대』 6, 2013.

김문용, 「정약용 국가론의 논리와 성격」, 다산학술문화재단, 『다산학』 33, 2018.

김용흠, 「21세기 다시 읽는 『경세유표』」, 연세대학교 강진다산실학연구원, 『다산과 현대』 10, 2017.

김태영, 「『경세유표』, 낡은 나라 혁신론」, 『다산학 공부』, 돌베개, 2018.

_____, 「조선 정법서政法書의 전통과 『경세유표』」, 연세대학교 강진다산실학연구원, 『다산과 현대』 6, 2013.

김태희, 「다산 논설, 모든 백성을 잘살게」, 『다산학 공부』, 돌베개, 2018

_____, 「다산 정약용의 군주론과 『경세유표』」, 연세대학교 국학연구원, 『동방학지』 181, 2017.

백민정, 「『경세유표』의 정치철학 : 공적 권력과 왕정의 이념」, 연세대학교 강진다산실학연구원, 『다산과 현대』 6, 2013.

임형택, 「『목민심서』, 다산의 정치학」, 『다산학 공부』, 돌베개, 2018.

정호훈, 「조선후기 신국가 구상의 전통과 『경세유표』」, 연세대학교 강진다산실학 연구원, 『다산과 현대』 10, 2017.

제Ⅱ장

『목민심서』와
리더의 자질

황 병 기

1. 사회조직과 리더십

인간이 사회생활을 하며 조직화한 이후 그것이 강한 구속력을 지닌 조직이든 느슨한 형식의 조직이든 인간은 영도하는 사람과 영도되는 사람으로 구분되었다. 영도하는 사람과 영도되는 사람은 남성과 여성으로 구분되기도 하였고, 어른과 아이로 또는 지배자와 피지배자 등으로 구분되었다. 사회의 규모가 커가면서 영도하는 사람과 영도되는 사람의 집단들이 만들어지고 각 집단들 사이에서 또 다시 영도하는 집단과 영도되는 집단이 만들어졌다. 아울러 하나의 집단 내에서도 더 영도적인 사람과 덜 영도적인 사람, 강하게 영도되는 사람과 느슨하게 영도되는 사람으로 구분되었다. 이것이 훗날 하나의 질서가 되었다. 가족집단에서는 부모와 자식, 어른과 아이의 질서가 존재하였고, 기업집단에서는 사장에서부터 말단 직원까지의 질서가 존재하였다. 관료제집단에서는 상급관료와 하급관료가 존재하였으며, 왕조제 집단에서는 국왕과 신하의 질서가 존재하였다. 그리고 이것들은 서로 중첩되었다.

여기에서는 정약용의 『목민심서』와 관련하여 현재의 리더[領導者]와 미래의 리더로 구분하여 논의를 진행하고자 한다. 『목민심서』의 목민관은 왕이 존재하는 관료제국가에서 왕을 대신하여 지방을 다스리는 지방의 장들을 가리킨다. 조선시대로 말하자면, 수령守令들 곧 관찰사,

다산 정약용 초상화

부사, 군수, 현감, 현령 등이 목민관이다. 이들은 지방의 왕으로 군림했다. 한 왕조가 나름의 국시國是(국가이념)를 가지고 통치하기 위해서는 지방 수령들이 국왕의 정책이나 왕조의 이념을 해당 지방에서 정확하게 잘 실현해야 한다. 이들은 국가를 지탱하는 중요한 기둥들이다.

조선시대의 수령은 국왕을 대신하여 지방의 행정, 사법, 재정, 군사 등 거의 모든 분야를 관장하는 작은 왕과 같았다. 다만 국왕에 의해 임명되어 지방이라는 공간적 한계 안에서 통치하였고, 임기가 제한된 시간적 한계를 지녔을 뿐이다. 『목민심서』는 바로 이러한 수령의 지방행정 지침서였다. 책의 내용은 철저하게 수령들을 독자층으로 삼아, 수령이 지녀야 할 기본 소양과 지방행정의 이념, 그리고 당면한 현실문제에 취해야 할 적절한 원칙들을 다루고 있다. 수령은 왕명의 대행자로서 지방통치의 막중한 임무를 수행하는 사람이었다.

조선은 일찍부터 중앙집권적 통치체제를 확립하고 지방에 대한 공적 통치조직으로 군현을 두었다. 중앙에서 이 군현들에 파견된 수령들은 왕의 원칙과 국가의 이념을 지방에 실현하는 첨병 역할을 하였다.

이들이 자신의 본연의 임무를 수행하기 위해 가장 중요한 것은 지방의 백성을 올바르고 부유하게 부양하는 일이었다. 그래서 그들을 목민관 牧民官이라 불렀다. '목민'은 백성을 부양한다는 뜻이다.

오늘날 과거의 신분제 사회와는 달리 누구나 관리가 될 수 있고, 누구나 정치가가 될 수 있지만 영도하는 사람과 영도되는 사람으로 구분되는 것은 예나 지금이나 한결같다. 리더(Leader)는 최고위의 영도자만을 가리키는 것이 아니다. 두 사람만 모여도 리더와 팔로워(Follower)가 존재한다. 이 관계는 늘 존재하기도 하고, 사안에 따라 그 관계가 뒤바뀌기도 한다. 리더는 다른 사람보다 앞서서 결정하고 실천하는 사람이다. 목민관은 바로 오늘날의 리더로 재해석할 수 있다.

2. 리더의 탄생과 리더십의 형성

정약용은 「원목原牧」편에서 다음과 같이 말했다.

옛날에야 백성이 있었을 뿐 어찌 목자牧者가 있었던가? 백성들이 옹기종기 모여 살면서 한 사람이 이웃과 다투다가 해결을 보지 못한 것을 공언公言(공적인 발언)을 잘하는 어른이 있어 그에게 가서 해결을 보고 온 마을의 이웃들이 모두 감탄한 나머지 그를 추대하여 높이 모시고는 그를 이정里正이라고 불렀다. 또 여러 마을 백성들이 자기 마을에서 해결 못한 다툼거리를 가지고 준수하고 식견이 많은 어른을 찾아가 그를 통해 해결을 보고는 여러 마을들이 모두 감탄한 나머지 그를 추대하여 높이 모시고서 당정黨正이라고 불렀다. 또 여러 고을 백성들이 자기 고을에서 해결 못한 다툼거리를 가지고 어질고 덕이 있는 어른을 찾아가 그를 통해 해결을 보고는 여러 고을이 모두 감탄하여 그를 주장州長이라고 불렀다. 또 여러 주의 장長들이 한 사람을 추대하여 어른으로 모시고는 그를 국군國君이라고 불렀으며, 또 여러 나라의 군君들이 한 사람을 추대하여 어른으로 모시고는 그를 방백方伯이라고 불렀고, 또 사방의 백伯들이 한 사람을 추대하여 우두머리로 삼고서 그를 황왕皇王이라고 불렀다. 이렇게 황왕의 근본은 이정에서부터 시작되니, 결국 목자는 백성을 위해 존재하는 것이다. 〈『정본 여유당전서』 2, 문집 권10, 「원목」, 206–207쪽〉

정약용의 시대에도 목민관은 임명직이었기 때문에 「원목」에서 말하는 선출직으로서의 목민관과는 엄연히 다르다. 그러나 「원목」편의 주장은 아주 오랜 옛날 최초로 어느 집단의 우두머리가 폭력이나 무력에 의한 것이 아니라 그 집단 구성원의 추대와 합의에 의해 세워진 것이라는 역사적 가정 하에 목민관뿐 아니라 군주, 황제에 이르기까지 목민의 정신과 취지를 분명히하여 민본주의의 목표를 설파한 것이라고 할 수 있다.

의회제도가 없던 당시에 정약용이 말하고 있는 '목牧'은 목민관, 곧 지방 수령을 가리킨다. 오늘날의 시장, 군수, 지사 등이 이에 해당한다. 오늘날 추대의 형식은 고대와 다르겠지만, 선거에 의해 선발된, 아마도 추대된 것으로도 말할 수 있는, 선출직은 국가기관으로 보면 이런 수령들뿐만 아니라 시의원, 도의원, 국회의원 등이 모두 해당된다.

이렇게 선출된 자들은 그 집단의 민의를 대변하는 자들이다. 이론적으로는 하급단계에서부터 최상급단계까지 민의가 수렴된 것으로 본다면 국회의 입법과 행정부의 법 집행은 그야말로 민의의 대변인 셈이다. 그러나 현실은 그렇지 않다.

유가의 민본주의는 백성을 근본으로 한다지만 실제로는 위민정치爲民政治이다. 민본民本과 정본政本으로 구별되는, 다시 말해 정치의 주체와 대상이 분리된 이념이다. 정약용의 말대로 목자는 당연히 백성을 위하여 존재하는 자들이고, 그들이 비록 추대와 합의에 의해 세워진 자들이라 하더라도 정치의 무대에 서게 되면 백성과는 유리된 통치자로 변모한다. 형식적으로 백성 가운데서 통치자가 탄생하지만 통치자는 백성이 아닌 사람이다. 근대 서구의 사회계약론자들이 자연 상태라는 관념적 지평으로부터 정치적 합의를 이끌어낸 것처럼 정약용도 태고적 원시상태라는 관념적 지평으로부터 이상적 정치의 모델을 설정했다. 따라서 이러한 구도는 관념적 정당성이 필요할 뿐 실증적 논리를 통해 논증될 수는 없다. 우리는 다만 정약용의 「원목」을 통해 통치자의 바람직한 행위가 피통치자의 민의를 대변하는 것이어야 한다는 이상을 취하면 된다.

정약용의 목자는 개인 사이의 분쟁의 조정자로 등장한다. 한 마을의 분쟁의 조정자는 이정里正이 되고, 마을 간의 분쟁의 조정자는 당정黨正이 되고, 고을 간의 분쟁 조정자는 주장州長이 된다. 그런데 이 단계까지는 추대의 형식으로서 오늘날의 직접선거의 형식이지만, 주장州長보다 더 높은 단계의 통치자인 국군國君, 방백方伯, 황왕皇王은 간접선출의 형식으로 추대된다. 다시 말해 주장들이 모여 국군을 뽑고, 국군들이 모여 방백을 뽑고, 그 방백들이 모여 황왕을 추대하는 방식이다. 이 정부터 주장까지는 직접 추대로 뽑고, 국군부터 황왕까지는 간접 추대로 뽑는다. 오늘날은 마을의 이장에서부터 입법부의 의원, 행정부의 대통령에 이르기까지, 사법부는 예외이지만, 모두 직접 선거로 선출한다.

그러나 실제로 역사의 무대에서 「원목」과 같이 지도자가 선출된 적은 동서고금에 없다. 정약용이 말한 '태고적[太古]'은 관념의 산물일 뿐이다. 주목할 것은 통치자가 분쟁의 조정자로 등장한다는 점이다. 분쟁은 충돌과 갈등, 폭력을 수반한다. 평화를 갈등 없는 상태, 폭력 없는 상태로 규정한다면, 결국 지도자는 분쟁의 조정자이자 평화의 수호자인 것이다. 목자의 탄생 목적이 분쟁 없는 상태라면, 평화의 상태라고도 할 수 있는, 정약용이 바라본 개인에서부터 집단, 사회, 국가에 이르는 모든 사회조직은 평화를 목적하는 조직이다.

그러나 태고적이 아닌 현실 속에서 어떻게 평화를 유지할 것인가?

「원목」에서 말하는 분쟁 없는 평화의 상태는 민의가 최대한 반영되어야만 가능한 상태이다. 만약 민의가 반영되지 않은 통치자가 추대된다면 어떻게 할 것인가? 「탕론」에서 그 해결책이 제시된다.

> 대저 여러 사람이 추대해서 만들어진 것은 또한 여러 사람이 추대하지 않으면 물러나야 한다. 때문에 5가家가 화협하지 못하게 되면 5가가 의논하여 인장鄰長을 바꿀 수 있고, 5린鄰이 화협하지 못하면 25가가 의논하여 이장里長을 바꿀 수가 있고, 구후九侯와 팔백八伯이 화협하지 못하면 구후와 팔백이 의논하

여 천자를 바꿀 수가 있다. 구후와 팔백이 천자를 바꾸는 것은 5가가 인장을 바꾸고 25가가 이장을 바꾸는 것과 같은 것인데, 누가 신하가 임금을 쳤다고 말할 수 있겠는가. 또 바꿈에 있어서도 천자 노릇만 못하게 할 뿐이지 강등하여 제후로 복귀하는 것은 허락하였다. 때문에 주朱를 당후唐侯라 했고 상균商均을 우후虞侯라 했고 기자杞子를 하후夏侯라 했고 송공宋公을 은후殷侯라 했다. 완전히 끊어버리고 후侯로 봉封하지 않은 것은 진秦나라가 주周나라를 멸망시키고부터이다.(『정본 여유당전서』 2, 문집 권11 「탕론」, 304쪽)

정약용은 「탕론湯論」에서 중국에서 상나라를 세운 탕왕湯王이 하나라의 마지막 왕인 걸왕桀王을 추방한 것이 과연 옳은 일인가라는 질문을 통해 민의를 반영하기 위한 정권의 교체, 왕조의 교체 등의 정당성을 설파하였다.

탕왕은 걸왕의 제후로서 걸왕을 몰아내고 새로운 왕조를 연 사람이다. 그는 하늘의 명에 따라 도탄에 신음하고 있는 백성들을 구제하기 위해 군사를 일으켰으며, 그가 군대를 일으키자 나라 안의 온백성이 환영했다고 한다.

걸왕은 세습된 왕이긴 하였지만, 형식적으로는 추대된 왕으로서 민의를 최상급 단계에서 대변하고 있는 자이다. 그런 정통성이 있는 왕을 탕이라는 새로운 인물이 폭력으로 전복시켰는데, 이것을 정당화한 것이 「탕론」이다. 나라와 백성이 평안한 새로운 평화를 위해 폭력을 사용한 것에 대해 그 정당성을 인정한 것이다. 평화적인 정권교체를 '선양禪讓'이라 한다. 동일한 왕조 내의 선위禪位뿐 아니라 왕조가 교체되는 역성易姓혁명까지도 선양이라는 비폭력을 통해 교체될 수 있다. 반면에 폭력적 정권교체는 '혁명革命' 또는 '방벌放伐'이라 하였다. 혁명은 천명이 바뀌는 것이므로 주로 역성혁명을 가리켰고, 방벌은 폭력적 또는 비도덕적 군주에 대한 정당한 교체를 의미했다. 요·순·우堯舜禹의 정권교체는 선양의 전범이며, 탕왕과 무왕의 왕조교체는 방벌의 전범이자, 역성혁명이기도 했다.

혁명, 방벌, 선양 등의 교체가 방법이야 무엇이든 간에 정당한 것인가가 정약용의 질문이지만, 답은 의외로 간단하다. 추대와 같은 방식으로 퇴출도 가능하다. 협의에 의해 추대된 집단의 장은 마찬가지로 협의에 의해 장의 자리에서 퇴출시킬 수 있다는 것이 「탕론」의 핵심이다. 신하가 왕을 몰아낸 것이 정당한가 하는 문제는 협의에 의한 정당성을 확보하여 아무런 문제가 없다.

> 한漢나라 이후로는 천자가 제후를 세웠고, 제후가 현장縣長을 세웠고, 현장이 이장里長을 세웠고, 이장이 인장鄰長을 세웠기 때문에 감히 공손하지 않은 짓을 하면 '역逆'이라고 명명하였다. 이른바 '역'이란 무엇인가. 옛날에는 아랫사람이 윗사람을 추대하였으니 아랫사람이 윗사람을 추대하는 것이 순順이었지만, 지금은 윗사람이 아랫사람을 세우니 아랫사람이 윗사람을 추대하는 것이 역逆이 된다. 그러므로 왕망王莽·조조曹操·사마의司馬懿·유유柳裕·소연蕭衍 등은 역이고, 무왕武王·탕왕湯王·황제黃帝 등은 현명한 왕이요 성스러운 황제이다.(『정본 여유당전서』 2, 문집 권11 「탕론」, 305쪽)

여유당전서(신조선사본)

이에 따르면, 탕왕의 반역은 비록 폭력적이었지만 오히려 순치順治가 된다. 이미 탕왕 이전에 황제가 염제炎帝를 방벌한 선례가 있고, 탕왕 이후에는 상나라의 주왕紂王을 방벌한 주나라 무왕武王의 사례가 있다. 아랫사람이 윗사람을 추대하는 것이 순順의 방향이므로 추대된 자가 추대되지 않은 자, 곧 퇴출되어야 할 자를 방벌한 것이니 통치의 정당성을 확보하는 것이다.

「탕론」의 "옛날에는 아랫사람이 윗사람을 추대하였으니 아랫사람이 윗사람을 추대하는 것이 순順이었지만, 지금은 윗사람이 아랫사람을 세우니 아랫사람이 윗사람을 추대하는 것이 역逆이 된다"라는 말은, 마치 오늘날의 상향식 민주주의는 옳고, 하향식 민주주의는 옳지 않다는 주장과 같다. 통치자가 국민을 통치의 대상으로 삼아 법을 제정하고 집행하며, 구미에 맞는 관료를 세워 하향식으로 명령을 국민에게까지 미치게 한다면, 그것은 「원목」에서 말한 것처럼 인간의 태고적 자연상태에서 자연스럽게 형성된 순順의 방식, 곧 상향식 인물 추대와 정책 제안 등을 거스르는 행위가 된다.

그러나 「원목」과 「탕론」의 주장은 통치자의 선발과 퇴출에 대한 정당성을 논한 것일 뿐, 이러한 일련의 사태에서 발생하는 폭력을 정당화하는 것은 아니다. 일련의 사태에 행사된 무력과 폭력이 천명이라는 이름으로, 혹은 민의를 대변한 정치적 행위로 미화되고 결과적인 정당성만 부여된 것이다.

3. 『목민심서』의 저술동기와 체재

『목민심서』는 두 종의 이본異本이 있다. 첫째는 1817년 유배지인 전남 강진康津에서 완성한 초고본이 있고, 둘째는 이 초고본을 수정·가필하여 1821년에 고향 마현馬峴에서 마무리한 완성본이 있다.

초고본이나 완성본 모두 12편 72조의 48권 16책이라는 체재는 동일하다. 그러나 완성본은 초고본의 조명條名을 다소 바꾸고 문장을 수정하였을 뿐만 아니라 역대 중국과 조선의 순리循吏들의 선행善行에 관한 사례를 대폭 증보했기 때문에, 책의 분량이 3분의 1 이상 증가

하였다.

초고본의 필사본은 그 숫자가 10종에도 미치지 못하나, 완성본의 필사본은 백여 종에 달할 것으로 추측된다. 초고본의 연활자본으로는 양재건梁在謇과 현채玄采가 교열한 1902년의 광문사廣文社 출판본이 있고, 완성본의 연활자본으로는 김성진金誠鎭(1874~1946)이 편집한 신조선사新朝鮮社 출판본(1935~1937)이 있다.

여러 종류의 국역이 있으나, 완성본의 완역본으로서는 민족문화추진회의 『국역 목민심서』 I~III(1969)과 다산연구회의 『역주 목민심서』 I~VI(1978~1985)가 있다. 일역본으로는 오오무라 토모노조大村友之丞와 아오야기 츠나타로青柳綱太郎가 공편한 『목민심서』 상·하(1911)와 호소이 하지메細井肇 편저의 『조선총서朝鮮叢書』(총3권)(1936) 중 제1권에 실린 『목민심서』가 있다. 불역본으로는 필리페 티에보Philippe Thiébault의 *L'art de gouverner*(2007)이 있으며, 영역본으로는 최병현의 *ADMONITIONS ON GOVERNING THE PEOPLE-Manual For All Administrators*(2010)가 있다. 최병현은 영역본에서 "『목민심서』는 플라톤의 『공화국』과 견줄 수 있는 대단한 고전이며, 번역본 출간을 통해 이제 세계적인 텍스트가 될 것"이라고 평가하였다.

정약용은 자신의 평생의 학술작업을 경학과 경세학으로 구분하며, "육경사서는 수기修己에 관한 책이고, 일표이서는 천하국가를 다스리기 위한 책이니, 이로서 본말을 모두 갖추었다"⟪『자찬묘지명(집중본)』⟫고 하였다. 육경사서는 정약용이 「자찬묘지명」(1822)에서 언급한 순서대로 한다면, 『시』, 『서』, 『예』, 『악』, 『역』, 『춘추』와 송대의 이학자들에 의

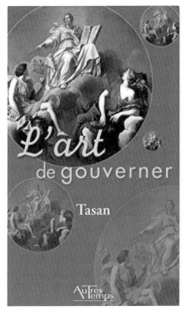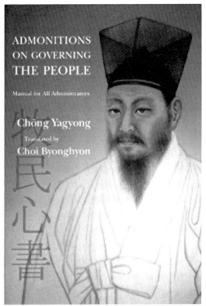

목민심서 불역 및 영역본

해 표창된 『논어』, 『맹자』, 『대학』, 『중용』을 말하는데, 유학에서 말하는 경전 전체를 말하는 것과 다름없다. 1표 2서는 『경세유표』, 『목민심서』, 『흠흠신서』를 말하고 세상경영을 위해 필요한 것으로서 현대적 의미에서 본다면 경영학서, 정치학서 법률학서라 표현할 수 있다.

정약용은 이를 모두 수기의 학문으로 규정하였다. 이 말을 형식적으로 본다면 동양인이 수천 년간 누려왔던 학문생활은 모두 수기공부였다고 할 것이지만, 정약용의 말은 그런 것이 아니다. 정약용은 유학의 근본정신은 "본디 나라를 다스리고 백성을 편안히 하며 외적을 물리치고 국가의 재정을 넉넉하게 하며 학문과 무예를 잘하며 담당하지 못할 것이 없는 것이니, 어찌 장구章句를 찾거나 벌레와 물고기 따위를 주석하고 소매 넓은 옷을 입고 예식만을 익히는 것이겠는가!"〈「시문집·속유론」〉라고 하였으니, 육경사서를 통한 수기修己는 전통적인 수기와는 그 범위와 질이 다른 것이다. 인의仁義와 이기理氣밖에 모르는 수기가 아니라 재정을 넉넉하게 하고 국방을 튼튼히 하며 문무에 두루 능통한 공부가 바로 그가 말하는 수기의 공부이다. 정약용의 수기는 전통적 범주와는 외연을 달리하는 것으로 치인의 영역까지도 모두 포괄하고 있는 셈이다.

정약용은 이와 같이 동양의 경전, 즉 6경4서를 인륜을 밝히고 또 그 것을 실천하는 학문으로 규정하고 경세經世를 위한 별도의 실용서인 1표 2서를 독자적으로 저술하였다.

정약용의 경세학 분야 대표저서인 1표 2서는 각각 다루고 있는 내용이 다르다.『경세유표』는 국가경영 전반에 대한 개혁안을 담고 있다. 원래의 제목은 '방례초본邦禮草本'이었는데, 이는『주례周禮』를 염두에 두고 '우리나라의 제도[邦禮]'라는 뜻으로 이름 붙인 것이다. 책의 서문에서 정약용은 '신아지구방新我之舊邦'이라고 하여 우리의 오래된 조선이라는 나라를 새롭게 만들기 위해 저술한 것임을 밝혔다. 개혁 내용은 크게 관직 체계의 전면적 개편, 신분과 지역에 따른 차별을 배제한 고른 인재등용, 자원에 대한 국가의 효율적 관리, 토지개혁과 부세제도의 합리적 개선 등이다.

『흠흠신서』는 일종의 형법학서로서, '흠흠欽欽'이라는 말은 '신중하고 신중하다'라는 뜻이니, 사람의 목숨을 다루는 법을 집행할 때 억울한 사람이 없도록 신중에 신중을 기하라는 의미에서 저술된 실용서이다. 주로 중국의『대명률』과 조선의『경국대전』에 기재된 원리와 이념에 따라 사건 조서의 형식과 기법 등을 상세히 다루었다.

『목민심서』는 지방행정 전반에 대한 개혁안을 담고 있다. 그가 책 제목을 '심서心書'라 한 것은 유배자의 몸으로 마음만 있고 실행하지 못하는 안타까움을 표현한 것이다.『목민심서』는 총 12편으로 구성되어 있고, 각 편마다 6조씩 총 72조의 지침들이 실려 있다. 지방 수령을 대상으로 한 것이기 때문에 부임할 때부터 해관될 때까지 목민관의 시작과 끝을 모두 상세하게 언급하였다. 첫째 편은 부임赴任편이고 마지막 편은 해관解官편이다. 그 사이에 이른바 삼기三紀가 되는 제2편 율기律己, 제3편 봉공奉公, 제4편 애민愛民편이 있고, 이어서 각 부서의 실전 매뉴얼로서 육전六典이라 불리는 제5편 이전吏典, 제6편 호전戶典, 제7편 예전禮典, 제8편 병전兵典, 제9편 형전刑典, 제10편 공전工典이 있고, 마지막으로 일종의 복지 정책안을 담고 있는 제11편 진황賑荒편이 있다.

중국이나 일본 등지에서도 목민서들이 만들어지긴 하였으나,『목민심서』와 같은 규모와 내용을 지닌 목민서는 종래 없었다.『목민심서』는 목민관의 모든 업무를 총괄하고 있어 얼핏 시시콜콜하게 여겨질 정도로 상세하게 지침을 주고 있다.

1)『목민심서』의 저술 동기

그렇다면『목민심서』는 과연 어떻게 만들어질 수 있었을까. 일견 목민관의 경험이 풍부하지 않은 사람이 과연 목민관의 지침서를 쓸 수 있는 것일까.

정약용이 실제 관료의 신분으로서 목민관을 간접적으로 경험하게 된 것은 1794년 암행어사 때이다. 정조는 1794년 경기지방에 흉년이 들었을 때 민생이 어렵다는 보고를 받고 10명의 암행어사를 파견하였는데, 이때 정약용은 양주楊州로 들어가 적성積城, 마전麻田, 삭녕朔寧을 거쳐 파주坡州로 나오라는 어명을 받고 임무를 수행하였다. 이때 마전에서 경기 관찰사로 있던 서용보徐龍輔, 삭녕에 있던 강명길康命吉, 연천에 있었던 김양직金養直의 죄상을 고발하였다. 정약용은 관료의 신분으로 처음 백성들의 현실과 마주하게 되었고, 백성들의 궁핍함이 수령의 탐학과 착취에서 비롯된다는 것을 알게 되었다. 경기 관찰사 서용보는 명문세도가의 사람이었으며, 연천의 전 현감 김양직은 왕실 가족의 묘자리를 봐주는 지관 출신으로 사도세자의 묘소를 화성으로 정한 인물이었으며, 삭녕의 전 군수 강명길은 궁중 어의 출신으로 정조의 어머니 혜경궁 홍씨의 병환을 돌보았던 사람들이다. 이들 모두 세도와 왕실의 비호를 받던 사람들이었기에 정약용이 올린 복명서의 탄핵이 지연되었지만, "법의 적용은 마땅히 임금의 가까운 신하로부터 하여야 한다"고 주장하여 결국 탄핵을 성공시켰다. 정약용은 철저한 법 집행으로 수령들의 착취를 근절시켜야만 민생이 안정된다는 확신을

다산 초당 현판

가지고 있었다.

정약용이 진정한 의미에서 목민관의 경험을 한 것은 1797년(36세) 윤6월부터 1799년 4월까지 약 23개월 근무한 곡산부사谷山府使 때이다. 당시 천주교 신부 주문모周文謨의 건으로 노론의 공격이 거세지자 정조가 황해도 곡산부사로 부임시켜 이들의 공격을 피하게 배려한 것이다. 곡산부사 시절 가장 인상적인 사건처리는 이계심李啓心이 일으킨 농민봉기 사건이었다. 정약용이 부임하기 위해 막 곡산 땅에 들어섰을 때 갑자기 이계심이라는 사람이 길을 막고 백성의 고통 12개 조목을 적어 올려 호소하였다.

정약용이 부임하기 전 이미 이계심은 전임 부사의 농간에 반발하여 1,000여 명의 백성을 이끌고 관아를 공격했던 농민봉기의 주모자였다. 이 때문에 수배 중이었는데, 갑자기 신임부사의 길을 막고 억울함을 호소했던 것이다. 이때 주변 사람들은 즉시 체포하여 포박하고자 하였지만 정약용은 오히려 그의 포박을 풀어주고는 "관청이 밝지 못하게 되는 까닭은 백성이 자신을 위해 도모하는 데만 영리하여 폐단을 들어 관청에 항의하지 않기 때문이다. 너 같은 사람은 관청에서 천금을 주고 사야 할 것이다"라고 칭찬하였다. 정약용은 이 사건의 처리를 통해 진정으로 백성을 위한 정치가 어떤 것인지를 직접 매우 인상적으로 보여주었다. 이때의 경험들이 『목민심서』의 저술에 중요한 자료가 되었다.

그러나 이것만이 전부가 아니다. 정약용은 어린 시절부터 아버지 정재원丁載遠의 수령 임관지에 함께 살면서 아버지의 목민 경험을 간접적으로 경험하였다. 이것을 정약용은 『목민심서』의 서문에서 분명하게 밝혔다.

> "나의 아버지께서는 성조聖朝의 인정을 받아 연천 현감·화순 현감·예천 군수·울산 도호부사·진주 목사를 지냈는데 모두 치적이 있었다. 비록 나는 불초하지만 따라다니며 보고 배워서 조금은 듣고 깨달은 바가 있었는데, 뒤에 이를 시험해 보았을 때도 다소 증험도 있었다."(『목민심서』 1, 「자서」)

아버지의 목민관 생활에 대한 간접 경험과 관료로서의 직간접 경험들이 『목민심서』 저술의 중요한 모토였음을 알 수 있다. 그러나 이러한 경험만으로는 이러한 위대한 책이 완성될 수 없을 것이다. 정약용은 여기에 역사적 자료와 경전적 자료, 유배지에서의 경험 등을 더하여 책을 저술하였다.

> "먼 변방에서 귀양살이한 지 18년 동안 오경五經과 사서四書를 되풀이 연구하고 수기修己의 학문을 강구하여 얼마 지나 배웠다고 할 만했다. 반을 배웠으니, 이에 23사史와 우리나라 역사 및 문집 등 여러 서적을 가져다가 옛날 지방관이 백성을 다스린 사적을 골라, 위아래로 뽑아 엮고 이를 분류한 다음 편집

하였다. 남쪽 시골은 전답의 조세租稅가 나오는 곳이라, 간악하고 교활한 아전들이 농간을 부려 그에 따른 여러 가지 폐단이 어지럽게 일어났는데, 내 처지가 비천하므로 들은 것이 매우 상세하였다. 이것 또한 그대로 분류하여 대강 기록하고 나의 천박한 소견을 붙여 모두 12편으로 만들었는데, 1편은 부임赴任, 2편은 율기律己, 3편은 봉공奉公, 4편은 애민愛民이요, 그 다음은 차례대로 육전六典이 있고, 11편은 진황賑荒, 12편은 해관解官이며, 12편에 각각 6조씩 보태어 모두 72조가 된다. 혹 몇 조를 합하여 한 권을 만들기도 하고, 혹 한 조를 나누어 몇 권을 만들기도 하여 통틀어 48권으로 한 부部가 되었다. 비록 시속에 부응하여 위로 선왕先王의 헌장憲章에 부합할 수 없더라도, 백성 다스리는 일에 있어서는 조례條例가 갖추어졌다."(『목민심서』 1, 「자서」)

정약용은 이처럼 아버지의 목민관 시절의 간접 경험과 자신의 목민관 시절의 직접 경험에 더하여 강진 유배기의 민초들과 함께 한 경험에 바탕하여 바람직한 목자의 상을 수립하였고, 여기에 중국과 우리나라의 역사를 종합적으로 참조하여 총 12편의 리더 지침서를 저술한 것이다.

2) 『목민심서』의 체제

『목민심서』는 삼기육전三紀六典의 체계를 이루고 있다. 중앙과 지방은 똑 같이 6개의 행정조직을 갖추고 있는데, 목민관은 국왕을 대신하여 지방의 6개 행정조직을 장악해야 한다. 중앙의 육조六曹를 모방하여 지방은 육방六房이라는 행정조직을 두었다. 육전六典은 곧 6개 행정조직의 지침이라는 뜻이다. 이방은 인사행정을 담당하였고, 호방은 세금과 재정, 예방은 교육과 문화, 병방은 국방업무, 형방은 사법업무, 그리고 공방은 공공관리 업무를 담당했다. 이러한 업무는 지방의 호족이 중인계층을 형성하여 대대로 세습하였기 때문에 중앙에서 파견된 목민관은 노회한 이들 아전들의 농간에 자칫 허수아비로 전락할 가능성이 높았다. 따라서 목민관은 지방행정의 요체가 되는 것들을 정확하게 파악하고 업무를 장악하는 것이 필요했다. 『목민심서』는 지방행정의 구체적인 내용을 망라하여 임기제로 파견되는 지방관들에게 관리지침을 주고 있다.

그러나 이러한 지방행정의 실전 매뉴얼은 목자의 자세와 태도에 따라 결과가 좌우되기 때문에 정약용은 목자가 갖추어야 할 기본 덕목을 세 가지로 강조하였다. 그것이 바로 삼기三紀이다. 목자는 반드시 먼저 자신을 공정하게 규율할 수 있어야 하며, 목자는 반드시 국왕을 대신하여 사욕을 버리고 공적인 업무에 봉사해야 한다. 그리고 목자는 반드시 목자의 역할과 목적을 백성을 사랑하는 데에 집중해야 한다.

삼기三紀			육전六典: 실전 매뉴얼					
율기	봉공	애민	이전	호전	예전	병전	형전	공전
자기규율	공무수행	백성사랑	인사행정	세금재정	교육문화	국방업무	사법업무	공공관리

지방수령에게는 수령칠사守令七事라고 하여 7가지 업무가 있다고 한다. 첫째 농사와 누에치기를 장려하고, 둘째 호구를 증가시키고, 셋째

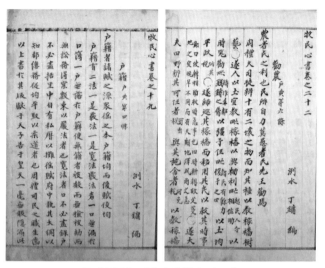

목민심서 권농 및 호적편(실학박물관 소장)

학교를 일으켜 세우고, 넷째 군정을 바르게 하며, 다섯째 부역을 공정하게 하고, 여섯째 송사를 간단하게 하며, 일곱째 간사하거나 교활한 일을 제거하는 것이다. 이처럼 수령의 업무는 국왕의 업무와 다를 바 없으며, 지방의 행정, 사법, 국방을 모두 책임지는 막강한 권력이었다. 따라서 수령의 권력남용을 막기 위해 상급기관의 정기적인 평가를 받았는데, 이를 포폄고과褒貶考課라고 하였다. 총 10번을 고과하여 모두 상上을 받으면 승진할 수 있지만 2번 중中을 받으면 좌천, 3번 중을 받으면 파직되었다.

『목민심서』는 지방행정을 책임지는 목민관이 부임할 때부터 퇴임할 때까지 준수해야 할 지침을 제시한 책이다. 전체적인 구조를 보면, 제1편에 「부임赴任」편을 두고 마지막에 「해관解官」편을 두어, 수령의 임명과 퇴임 사이의 모든 업무를 이 두 편 사이에 배치하는 구성을 보인다. 「부임」편에 이어서 목자의 기본자세를 세 개의 핵심으로 적시한 삼기三紀, 곧 「율기律己」편, 「봉공奉公」편, 「애민愛民」편을 두었다. 그런 다음에 구체적인 실전 매뉴얼인 6전六典, 곧 「이전吏典」, 「호전戶典」, 「예전禮典」, 「병전兵典」, 「형전刑典」, 「공전工典」편을 실었다. 그리고 삼기육전의 체제로 묶여지는 목자의 기본자세와 실천 정책과는 차원을 달리하는 영역인 복지정책을 제안한 「진황賑荒」편을 별도로 구성하여 「해관」편 앞에 두었다. 이렇게 하여 총 12편을 구성하고 각 편마다 6조목을 두어 모두 72조목으로 구성하였다. 72조목은 아래와 같다.

1. 부임赴任 6조

제배除拜: 임명 받음, 치장治裝: 행장을 꾸림, 사조辭朝: 하직인사, 계행啓行: 부임 행차, 상관上官: 취임식, 이사莅事: 업무의 시작

2. 율기律己 6조

칙궁飭躬 : 바른 몸가짐, 청심淸心: 맑은 마음가짐, 제가齊家: 가정을 다스림, 병객屛客: 청탁을 물리침, 절용節用: 씀씀이를 절약함, 낙시樂施: 은혜 베풀기를 좋아함

3. 봉공奉公 6조

선화宣化: 교화를 펼침, 수법守法: 법을 지킴, 예제禮際: 예의에 맞게 교제함, 문보文報: 보고서, 공납貢納: 세금의 징수와 납부, 왕역往役: 차출되는 일

4. 애민愛民 6조

양로養老: 노인 봉양, 자유慈幼: 어린이를 보살핌, 진궁振窮: 빈궁한 사람들을

구제함, 애상哀喪: 상을 당한 이를 보살펴 줌, 관질寬疾: 병자를 돌봄, 구재救災: 재난을 구제함

5. 이전吏典 6조

속리束吏: 아전 단속, 어중御衆: 부하를 통솔함, 용인用人: 인재를 씀, 거현擧賢: 인재 천거, 찰물察物: 물정을 살핌, 고공考功: 실적 심사

6. 호전戶典 6조

전정田政: 토지제도, 세법稅法, 상, 하, 곡부穀簿 상, 하: 환곡의 장부, 호적戶籍: 호적 제도, 평부平賦 상, 하: 공평한 부역, 권농勸農: 농사 권장

7. 예전禮典 6조

제사祭祀: 각종 제사, 빈객賓客: 손님 접대, 교민敎民: 백성의 교화, 흥학興學: 교육과 학문의 진작, 변등辨等: 지위의 구별, 과예課藝: 학문과 기예

8. 병전兵典 6조

첨정簽丁: 병적 관리, 연졸練卒: 군사 훈련, 수병修兵: 무기 수리, 권무勸武: 무예 권장, 응변應變: 변란 대응법, 어구禦寇: 외침의 방어

9. 형전刑典 6조

청송聽訟 상, 하: 송사의 심리와 판결, 단옥斷獄: 형사 사건의 심리와 판결, 신형愼刑: 형벌을 신중히 함, 휼수恤囚: 죄수의 구휼, 금포禁暴: 횡포의 금지, 제해除害: 피해 제거

10. 공전工典 6조

산림山林: 숲 가꾸기, 천택川澤: 수리사업, 선해繕廨: 관아건물 수리, 수성修城: 성곽 수축, 도로道路: 도로의 관리, 장작匠作: 물품을 만드는 일

11. 진황賑荒 6조

　　비자備資: 물자 비축, 권분勸分: 부자들에게 베풀게 함, 규모規模: 계획과 범
　　위, 설시設施: 진휼의 시행방법, 보력補力: 민생 안정책, 준사竣事: 진황의 끝
　　맺음

12. 해관解官 6조

　　체대遞代: 관직의 교체, 귀장歸裝: 돌아가는 행장, 원류願留: 유임 청원, 걸유
　　乞宥: 수령의 죄 사면 청원, 은졸隱卒: 수령의 재임 중 사망, 유애遺愛: 해직
　　수령에 대한 백성들의 사모

　『목민심서』의 12편 72조목은 목민관의 부임에서 해관에 이르기까지
목민관이 갖추어야 할 내면적 덕성과 윤리적 자세뿐만 아니라 장악해
야 할 외재적 행정업무와 실천 매뉴얼을 체계적으로 상세하게 언급하
고 있다.

　부임과 해관의 통과의식을 제외하고 「율기」편을 맨 앞에 배치한 것
은 지방행정에서 절대 권한을 가진 목민관의 올바른 윤리적 자세를 강
조한 것이다. 「봉공」편은 목자로서의 올바른 자세와 태도를 확립하고
나면 사욕을 버리고 오로지 공무에 봉사해야 한다는 점을 강조한 것이
다. 「애민」편은 노인이나 어린이, 빈자 등 소외되기 쉬운 백성을 사랑하
는 구체적인 실천방법을 담고 있다. 결국 목자로서의 주체적 자세를 보
여주는 3기三紀는 목자 개인의 도덕적 자세와 태도 확립에 기초하여 공
적인 업무를 수행하되 백성을 사랑하는 마음을 전제로 해야 한다는 것
을 구조적으로 보여주고 있다.

6전六典은 정약용이 이상적인 통치체제로 여기던 『주례周禮』에 연원을 둔 것으로서, 조선의 중앙정부 조직이 6조六曹 체제로 구성되어 있듯이 지방행정 조직도 6방六房 체제로 구성되어 있어서 각 방을 장악하기 위한 지침으로 되어 있다. 국왕이 6조의 행정조직을 장악하듯이 목자는 지방의 작은 국왕으로서 6방의 행정조직을 장악해야 한다. 따라서 『목민심서』는 지방의 육방에서 아전들이 담당하는 업무에 대한 상세한 정보를 담고 있다.

업무의 수행은 실제로 아전들이 담당하지만 그들이 하는 업무를 목자가 잘 알지 못한다면 대대로 지방행정을 세습해오며 임기제로 부임하는 목민관을 허수아비로 보는 노회한 지방의 토호들에게 웃음거리로 전락할 수 있다. 범범하게 수령은 7가지 업무가 있다는 정도로 목자의 업무를 규정하는 일은 실질적 권한을 실무자들인 아전에게 넘기고 그 과실을 취하는 것과 다를 바 없다. 실무를 목자가 반드시 정확히 파악하고 있어야만 아전들의 전횡을 막을 수 있고 지방재정을 튼튼하게 할 수 있다.

4. 『목민심서』 리더십의 핵심

『목민심서』에는 목자의 개인적 자세와 아울러 각 방의 실무에 대한 지침을 통해 당시 조선 사회를 구할 여러 정책들이 제시되어 있다. 정책적 차원의 중요한 몇 가지를 예로 들어본다면 다음과 같다.

토지를 균등하게 분배하여 경자유전耕者有田의 원칙을 실현할 것, 배와 수레를 제작하여 국내 물산을 효과적으로 상통할 것, 도량형을 표준화할 것, 외적을 토벌하기 위해 축성과 수성을 철저히 할 것, 신상필벌, 약자를 보호하고 노인을 봉양할 것, 붕당을 타파할 것, 인재를 균등하게 등용할 것, 치수 사업으로 홍수를 예방하고 관개를 원활히 할 것, 과실수를 심어 소득을 증대시키고 축산을 장려할 것, 맹수를 포획하여 활용할 것, 광물자원을 개발할 것, 질병 관리를 철저히 할 것 등이 있다.

　　이러한 정책들은 결국 목자의 청렴을 통해 실천되어야 하는 것들이다. 정책을 시행할 때 공직자의 청렴이 지향하는 목표는 청렴 그 자체가 아니라 청렴을 통해 국가의 재정을 튼튼하게 하고 백성들의 삶을 넉넉하게 만들어주는 것이다. 따라서『목민심서』의 교훈을 청렴으로만 한정하는 것은 이 책의 가르침을 온전히 이해한 것이 아니다.『목민심서』가 지향하는 목자의 청렴은 반드시『경세유표』가 지향하는 부국유민富國裕民과 결합되어야 한다.

　　목자는 부국유민의 목표를 달성하기 위하여 청렴을 실현해야 한다. 목자가 청렴을 실현하기 위하여 발휘해야 하는 능력과 방법론이 바로 리더십이다.

1) 시공간 장악의 리더십

　　『목민심서』리더십의 핵심은 바로 리더가 시공간을 장악해야 한다는 것이다. 정약용은 제1「부임」편에서부터 리더가 해야 할 일로 시공간의 장악을 수없이 언급하고 있다.

　『목민심서』제1「부임」편 첫 장은 목자의 막중한 책임감을 강조하는 말로부터 시작한다.

　　　"다른 벼슬은 구해도 좋으나, 목민의 벼슬은 구해서는 안 된다."(『목민심서』제1 편「부임」, 제1조 제배除拜, 제1항)

　중앙에도 수많은 벼슬이 있지만, 특히 목민관은 국왕을 대신하여 지방을 통치하는 벼슬이기 때문에 국왕만큼이나 막중한 책임이 부여되는 자리이다. 목자가 지방을 잘 다스리면 나라가 부강해지지만, 잘못 다스리면 지방의 재정이 무너져 결국 나라가 그 피해를 입는다. 목자의 자리는 그만큼 막중한 자리이다. 또한 지방에는 세습하며 지방행정을 장악해 온 노회한 아전들이 있고, 목자는 단지 3년의 임기제로 파견되는 임명직인 데다가 그 임기마저 제대로 채우지 못하는 경우가 많으니 목자의 자리는 어렵고도 위험한 자리이다. 그러한 막중한 자리를 쉽게 생각하여 자신감에 넘쳐 함부로 수행하고자 덤벼들어서는 안 된다는 경고의 말로부터 『목민심서』는 시작된다.

　목자가 부임하면서 가장 먼저 해야 할 것들은 무엇일까. 무엇보다도 부임지에 대한 상황파악과 정보수집이다.

　　　"부임하는 길에서는 오직 엄하고 온화하며 과묵하기를 마치 말 못하는 사람인 양 할 것이다."(『목민심서』제1편「부임」, 제4조 계행啓行, 제1항)

대부분의 목자는 부임지에 대한 정보가 부족한 채로 출발한다. 아전들이 먼저 서울에 올라와 새로 부임한 목자를 안내하여 가는데, 그들은 새로 부임한 자신들의 상관이 얼마나 부임지에 대한 정보를 파악하고 있는지 수시로 간파하고자 할 것이다. 또한 새 상관이 무엇을 좋아하는지 무엇을 탐하는지를 엿볼 것이고, 어떤 종류의 사람인지를 끊임없이 잴 것이다. 목자는 이들에 부화뇌동하지 말고 과묵하게 가면서 이들에게서 부임지에 대한 정보를 최대한으로 끌어내야 한다. 이러한 노력은 거쳐 가는 지역마다 지속해야 한다.

> "관부를 두루 찾아가 마땅히 먼저 임관한 자의 말을 귀담아 들어 다스리는 도리를 익힐 것이며 농으로 밤을 보내서는 안 된다."(『목민심서』 제1편 부임, 제4조 계행啓行, 제4항)

이렇듯 철저한 준비 없이 리더가 될 수는 없다. 거쳐 가는 지역의 선임자로부터 치도를 배우고 정보를 수집해야 한다. 이를 망각하고 술과 농으로 시간을 보내서는 안 된다.

부임지에 도착하기 전까지 목자는 엄중한 책임감을 느끼고 철저히 부임지에 대한 상황파악과 정보를 수집해야 한다. 이에 바탕하여 부임지에 도착하면 가장 먼저 해야 할 일은 곧 그곳의 시간과 공간을 장악하는 것이다.

> "책력에 맞는 작은 수첩을 만들고 모든 일의 정해진 기한을 기록하여 잊어버

림이 없도록 한다."(『목민심서』 제1편 「부임」, 제6조 이사莅事, 제6항)

"노련한 아전을 불러 화공畵工을 모으게 하여 본현의 사경도四境圖를 그려서 벽 위에 걸도록 한다."(『목민심서』 제1편 「부임」, 제6조 이사莅事, 제7항)

　지방행정의 시간표를 만드는 것과, 부임지의 사경도를 그리는 것이 목자의 첫 번째 업무이다. 시간표 작성은 곧 시간을 장악하는 것이다. 일을 잘 아는 체하고 아랫사람에게 묻기를 부끄러워하여 두리뭉실 의심스러운 것을 그냥 삼킨 채 다만 문서 끝에 서명하는 것만 착실히 하다가는 아전들의 술수에 빠지는 경우가 많다. 어리석은 목자와 게으른 목자는 아전들의 서류에 서명하는 일로 업무를 다한 것처럼 느낄 것이다. 따라서 목자는 업무의 시간표를 만들어 반드시 스스로 어기지 않아야 하며, 백성들에게도 기한을 철저히 지킬 것을 엄히 단속해야 한다. 관청의 일은 기한이 있는데 기한을 지키지 않는 것은 곧 백성들이 명령을 희롱하는 것이기 때문이다.

　사경도를 그리는 것은 곧 공간을 장악하는 것이다. 정약용은 『치현결治縣訣』을 인용하여, 지도 상에 강줄기와 산맥은 실제와 꼭 같게 그리게 하고, 동서남북의 방위를 표시하게 하였으며, 마을 단위의 이름과 거리, 마을의 인구를 적시하게 하였다. 또한 큰길과 작은 길, 다리, 나루터, 고개, 정자, 객점客店, 사찰寺刹 등을 모두 그려 놓도록 하였다. 게다가 이 지도는 아주 상세할 필요가 있다. 먼저 경위선經緯線을 그리고 1칸을 10리 단위로 하되 1백 호가 있는 마을은 호수를 다 그려 넣을 수 없으니 집이 조밀하게 있는 모양을 그려서 큰 마을임을 알 수 있도록

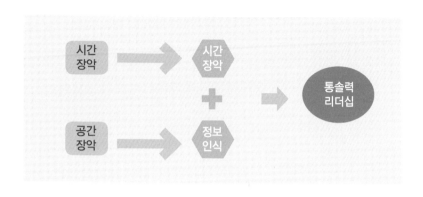

할 것이다. 또한, 한두 집 골짜기에 있는 것도 빠뜨리지 말도록 하였으며, 기와집과 큰 집도 표시하여 토호土豪의 집임을 알 수 있도록 하였다.

왜냐하면 이를 통해 부임지의 인정과 풍속을 살필 수 있고 고을의 사정과 아전과 백성들이 왕래하는 길을 알 수 있기 때문이다. 지도는 가장 긴요한 것이므로 본현에 화공이 없다면 이웃 현에서 졸렬한 솜씨의 화공이라도 데려와 그리게 하였다.

이를 정리하면 위와 같은 표로 리더십 형성과정을 그릴 수 있다.

2) 신뢰와 위엄의 리더십

『목민심서』 리더십의 또 하나의 핵심은 바로 신뢰와 위엄을 겸비해야 한다는 것이다.

"사람들을 통솔하는 방법은 위엄과 신뢰일 뿐이다. 위엄은 청렴에서 나오고

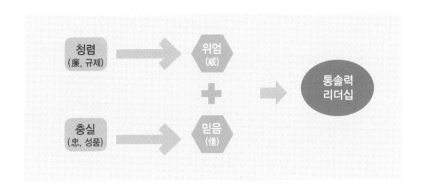

신뢰는 충실함에서 나오니, 충실하고도 청렴할 수 있다면 사람들을 통솔할 수

있다."(『목민심서』 제5편 「이전」, 제2조 어중馭衆, 제1항)

정약용은 목자가 지녀야 할 덕목으로 위엄과 신뢰를 들었는데, 흥미

로운 것은 위엄이 청렴에서 나오고 신뢰는 충실함에서 나온다는 것이

다. 이것을 간단하게 도표로 만들면 위와 같이 된다.

그렇다면 위엄은 어떻게 청렴함에서 드러날까. 정약용은 청렴을 다

음과 같이 규정한다.

청렴이란 목민관의 기본 임무이며 모든 선善의 원천이요, 모든 덕德의 근본이

다. 청렴하지 않고 목민을 할 수 있었던 자는 없다.(『목민심서』 제2편 「율기」, 제2조

청심淸心, 제1항)

그리고 그 주에서 『상산록象山錄』을 인용하여 청렴의 등급을 구분하

였다.

"청렴에는 세 등급이 있다. 최상은 봉급 외에는 아무것도 먹지 않고, 먹고 남는 것이 있더라도 가지고 돌아가지 않으며, 임기를 마치고 돌아가는 날에는 한 필의 말로 아무 것도 지닌 것 없이 떠나는 것이니, 이것이 옛날의 이른바 청렴한 관리廉吏라는 것이다. 그 다음은 봉급 외에 명분이 바른 것은 먹고 바르지 않는 것은 먹지 않으며, 먹고 남는 것이 있으면 집으로 보내는 것이니, 이것이 중고中古의 이른바 염리廉吏라는 것이다. 최하로는 무릇 이미 규례規例가 된 것은 명분이 바르지 않더라도 먹되 아직 규례가 되지 않은 것은 자신이 먼저 시작하지 않으며, 향임鄕任의 자리를 팔지 않고, 재감災減[2]을 훔쳐 먹거나 곡식을 농간하지도 않고, 송사訟事와 옥사獄事를 팔아먹지 않으며, 세稅를 더 부과하여 남는 것을 착복하지 않는 것이니, 이것이 오늘날의 이른바 청렴한 관리廉吏라는 것이다. 모든 나쁜 짓을 갖추고 있는 것은 오늘날 모두가 그러하다. 최상이 되는 것은 본디 좋지만, 만약 그렇게 할 수 없다면 그 다음이라도 좋다. 이른바 최하의 것은 옛날에는 반드시 팽형烹刑을 당하였을 것이니, 무릇 선을 즐기고 악을 부끄럽게 여기는 사람은 결코 이를 하지 않을 것이다."(『목민심서』 제2편 「율기」, 제2조 청심淸心, 제1항 주)

청렴은 목자의 의무이며, 모든 선의 원천이자 모든 덕의 근본이다. 청렴하지 않고 목자 노릇을 할 수 있는 자는 없다. 그렇지만 청렴에는

---

2 재결災結, 즉 재상災傷을 입은 논밭의 세稅를 감해주는 것.

세 등급이 있다. 정약용이 구분한 최상의 청렴은 봉급 외에는 아무것도 먹지 않고, 먹고 남는 것이 있더라도 가지고 돌아가지 않으며, 임기를 마치고 돌아가는 날에는 한 필의 말로 아무것도 지닌 것 없이 떠나는 것이다. 이런 사람이야말로 진정한 청백리이다. 정약용의 역사적 이해로는 청렴은 고대로부터 변질되어 최근의 청렴은 최하의 것으로 허울만 있는 청렴이다.

최상의 청렴을 추구해야 하지만 부득이할 때는 차상을 선택해도 무방하다. 그러나 최하의 청렴은 옛날 같으면 팽형을 당할 만한 것으로, 선을 좋아하고 악을 부끄럽게 여기는 사람이라면 결코 그렇게 하지 않을 것이다. 이렇듯 청렴은 쉽지 않다.

청렴은 목자의 기본 덕목이지만 결코 쉽지 않은 것이기에 청렴의 평판이 사방에 퍼져서 명성이 날로 빛나게 되면, 인생의 지극한 영광이 될 것이다. 이와 같은 청렴한 사람淸士은 지나가는 곳마다 숲과 샘과 돌까지도 모두 맑은 빛을 띨 것이라고 하였다. 청렴한 관리가 베푸는 해택이 결국 백성들의 윤택한 삶으로 이어질 것임을 이렇게 은유적으로 표현하였다.

그런데 청렴하면 어떻게 위엄을 갖게 될까. 하나의 사례를 들어보자.

참판參判 유의柳誼가 홍주 목사洪州牧使로 있을 때에, 찢어진 갓과 굵은 베도포에 간장 빛깔의 낡은 띠를 두르고 느릿느릿한 말을 탔으며, 이부자리는 남루하여 요도 베개도 없었다. 이렇게 하여 위엄이 서서, 가벼운 형벌도 쓰지 않았는 데도 간활奸猾한 무리들이 두려워하는 것을 내가 직접 보았다.(『목민심서』제1

유의柳誼라는 사람은 정약용이 1795년 잠시 금정찰방으로 내려가 있을 때 관할지의 직속 상관이어서 직접 경험한 인물이며, 그의 청렴은 『목민심서』여러 곳에 등장한다. 「율기」편에서는 유의柳誼가 홍주洪州 목사牧使로 있을 적에 조랑말 한 필에 종 둘을 데리고 야외로 순행하다가 들밥을 가지고 가는 아낙네를 만나면 밥보자기를 벗겨 보아 나물 반찬이 보잘것없으면 그 게으름을 경계하고 반찬이 너무 많으면 그 지나침을 나무라니 백성들이 크게 기뻐했다는 기록이 있고, 또 공문서를 보냈는데 유의가 회신이 없자 직접 홍주관아로 찾아가서 주고받은 일화가 기록되어 있다. 이때 유의는 정약용에게 자기는 공직을 맡고 있을 때는 본래 편지를 뜯어보지 않는다고 하면서 상자에서 뜯지도 않은 채 모아 놓은 편지뭉치를 보여주었다고 한다. 이는 모두 조정의 귀인들이 보낸 편지였다. 정약용은 유의의 청렴함에 감탄하여 청렴의 표본으로 자주 언급하였다.

유의는 평소 남루한 복장을 하고 있었는데 이러한 모습에 저절로 위엄이 있었기에 형벌을 쓰지 않아도 교활한 범죄들이 없었다고 한다. 목자가 청렴하면 어찌 아전들과 백성들이 청렴하지 않을 수 있겠는가? 또 어찌 위엄이 서지 않겠는가?

위엄과 함께 리더십의 또 한 축인 신뢰는 약속을 지키는 데서 얻어진다. 따라서 리더는 신뢰를 생명처럼 여겨야 한다.

홍주아문(충남 홍성)

"관에서 하는 일은 기한이 있는데, 이 기한 내에 이행하지 않으면 백성들이 법
령을 가볍게 여길 것이므로 기한의 믿음이 반드시 있어야 한다."(『목민심서』 제1
편 「부임」, 제6조 리사莅事, 제5항)

미국 전역과 세계 각국에서 리더십과 자기개발 등을 강의해 온 영향
력 있는 리더십지도자로 평가받는 존 맥스웰(John Maxwell C., 1947~)은
"신뢰를 깨트리고도 계속해서 영향력을 발휘할 수 있는 리더는 그 어
디에도 없다. 리더십의 토대는 신뢰다"(존 맥스웰, 『리더십 불변의 법칙』, 비
즈니스북스, 2010)라고 언급한 바 있다.

중국 춘추시대의 공자도 『논어』 「안연」편에서 식량과 군대와 신뢰

중에 가장 중요한 것으로 식량을 선택한 바 있다.[3] 당시 사람들의 관념 속에서 국가를 이루는 세 가지 요소 중에서 부득이하게 하나씩 제거할 때 공자는 먼저 군대를 포기하였고, 다음이 식량이었으며, 마지막 보루는 군주와 백성간의 신뢰였다. 식량과 군대는 없어도 되지만 신뢰가 없다면 국가 자체가 성립될 수 없다고 보았기 때문이다. 물론 이것은 이상적 도덕주의자의 말이지만 신뢰의 중요성을 알 수 있다.

그런데 신뢰는 어디에서 나오는가. 정약용이 설선薛瑄[4]의 말을 인용하여 직접 든 사례가 있다.

> "마음에 털끝만큼도 편향이 있어서는 안 된다. 만일 편향이 있으면 반드시 사람들이 엿보아서 알게 된다. 내가 일찍이 심부름 다니는 하인을 부렸는데 그가 자못 민첩함을 보고 그를 부리기를 좀 자주하였더니 다른 하인들이 그를 무겁게 여겼다. 나는 드디어 그를 쫓아내었다. 이것은 비록 작은 일이지만 이로서 수령 자리에 있는 자는 마땅히 공명정대하여야지 털끝만큼도 편향이 있어서는 안 된다는 것을 알게 되었다."(『목민심서』 제2편 「이전」, 제2조 어중馭衆, 제1항 주)

아마도 정약용은 신뢰의 근원으로서의 충실忠의 내용을 편향 없는

---

3 『논어』 「안연」 편. "子貢問政. 子曰 足食 足兵 民信之矣. 子貢曰 必不得已而去 於斯三者 何先. 曰去兵. 子貢曰 必不得已而去 於斯二者 何先. 曰去食 自古皆有死 民無信不立."

4 설선薛瑄은 중국 명明나라 때의 하진河津 사람. 자는 덕온德溫, 호는 경헌敬軒, 시호는 문청文淸이다.

공명정대함으로 보는 것 같다. 신뢰를 쌓기 위해서는 사심을 부려서는 안되며, 언제나 공명정대해야 한다. 이렇게 되면 자연히 신뢰가 형성된다. 이렇게 리더십의 두 축은 청렴에서 드러나는 위엄과 충실함에서 드러나는 신뢰의 결합을 통해 완성된다.

5. 베풀기 위한 청렴의 리더십

『목민심서』에서 강조하는 청렴은 리더십의 한 축을 형성하는 핵심 요소로 충실과 함께 짝을 이루어야 완벽해진다. 위엄과 신뢰를 통해 만들어지는 리더십은 청렴과 충실을 목표로 지향하는 것이 아니라 거기에서 출발하는 것이며 그 목표는 본론에서 언급하였듯이 부국유민富國裕民이다. 곧 나라를 부강하게 하며 백성의 생활을 윤택하게 하는 것이다.

정약용은 청렴한 관리가 될 것을 책 전체에서 강조하였지만 무조건적인 청렴은 경계하였다. 왜냐하면 목자가 청렴해야 하는 것은 부국유민을 위한 것이므로 나라나 백성을 위해서는 과감하게 써야 하기 때문이다. 정약용은 절약보다는 시혜가 목표라는 점을 「율기」편에서 분명하게 언급하였다. "절약만 하고 쓰지 않으면 친척도 멀어지니, 베풀기를 즐겨하는 것은 덕德을 심는 근본이다."(『목민심서』 제2편 「율기」, 제6조 낙시樂施 제1항), "못에 물이 괴어 있는 것은 흘러내려서 만물을 적셔 주려는 것이다. 그러므로 절약하는 자는 남에게 은혜를 베풀 수 있고 절약하지 못하는 자는 남에게 은혜를 베풀지 못한다. 기생을 가까이하고 광대를 부르며, 가야금을 타고 피리를 불리며, 비단옷을 걸치고 높은 말과 좋은 안장을 사용하며, 게다가 상관에게 아첨하고 권귀權貴에게 뇌물을 쓴다면 그 비용이 날마다 수만 전이 넘을 것이며, 한 해 동안 계산하면 천억 전이나 될 터이니 어떻게 친척들에게까지 은혜를 베풀 수 있겠는가. 절용은 은혜 베풀기를 좋아하는 근본이다."(『목민심서』 제2편 「율기」, 제6조 낙시樂施, 제1항 주)

이처럼 베풀기를 좋아하는 것은 목자가 지녀야 할 덕이니, 베풀기 위해서 청렴하고 충실해야 하는 것이다. 자칫 『목민심서』를 오독하면 굶어가면서 절약하는 것만을 강조한 것으로 오해할 수 있다. 청렴과 충실은 리더십의 시작점이지 목표가 아니다.

리더십은 리더가 갖추어야 할 덕목이자 방법론이다. 『목민심서』는 목민관을 훈계하는 지침서로서 12편으로 구성하여 목자의 부임에서 해관에 이르기까지 갖추어야 할 기본 자세와 태도 그리고 각 행정분야의 상세한 지침을 주는 책이다.

목자는 국왕을 대신하여 잠시 지방을 다스리는 대리인으로서, 막중한 책임을 지는 사람이다. 막중한 책임감은 곧 시간과 공간에 대한 정확한 상황판단과 정보수집을 통해 훌륭한 리더십으로 발휘될 수 있으며, 청렴과 충실이라는 핵심 덕목을 기본 바탕으로 하여 신뢰와 위엄을 형성함으로써 완벽한 리더십으로 발휘될 수 있다.

참고문헌

『정본 여유당전서』, 다산학술문화재단, 2012.

『牧民心書』, 『經世遺表』, 『欽欽新書』(『定本 與猶堂全書』본).

『論語』

오오무라 토모노조大村友之丞, 아오야기 츠나타로青柳綱太郎 공편, 『목민심서』, 조선연구회, 1911.

호소이 하지메細井肇 편저, 『조선총서朝鮮叢書』(총3권), 조선문제연구소, 1936(재판).

필리페 티에보Philippe Thiébault, *L'art de gouverner*, Marseille: Autres temps, 2007.

최병현, *ADMONITIONS ON GOVERNING THE PEOPLE -Manual For All Administrators*, University of California Press, 2010.

John Maxwell C., 『리더십 불변의 법칙』, 비즈니스북스, 2010.

조선시대 공직윤리와 청백리

이근호

1. 머리말

2018년 한국행정연구원에서 발표한 '공직윤리'에 대한 국민 체감도 분석에 따르면, 공직자 윤리수준을 어떻게 생각하는지를 묻는 질문에 대해서 일반 국민은 매우 부정적으로 평가하고 있음이 확인된다. 당시 일반 국민들은 '공직자들이 공직을 이용해 개인적 이익을 추구하기 때문', '퇴직 공직자에 대한 전관예우 관행 때문', '공직자들이 사기업체에 특혜를 주는 등 민관유착을 하기 때문' 이라는 등의 이유를 들어 부정적으로 평가한 것이다.[1] 이른바 '공직윤리'에 대한 각성이 더욱 필요한 상황이다.

이른바 '공직윤리'는 논자에 따라서 여러 내용으로 정리되지만, 대체로 보면 "정부조직에 종사하는 공무원들이 지켜야 할 윤리 규범, 즉 공무원이 조직구성원으로서 지켜야 할 직업윤리"를 말하는 것으로 이해된다.[2] 공직윤리는 내면의 가치 체계인 '윤리'이지만, 이것이 구체적인 행동 역량으로 구현될 때 비로소 공직자의 기본기가 확립되었다고 평가한다.[3] 정부는 공무원이 공직윤리를 준수하도록 하고, 이를 위한 별

---

1 임성근 외, 『공직윤리 국민체감도 분석 및 개선방안 연구』, 한국행정연구원, 2018.

2 이종수, 『행정학사전』, 2009.

3 조경호, 「공직윤리 강화하여 깨끗한 공직사회 구현」, 『행정포커스』 134, 한국행정연구원, 2018.

도의 공직윤리제도를 만들어 운영하고 있다. 「공직자윤리법」을 비롯해 각종 시행령과 시행규칙 등 다양한 법적 제도적 장치 등이 이에 해당된다.

그렇다면 우리 역사상 공직윤리는 어떠하였는가? 우리 역사상 문헌에서 공직公職 혹은 공직자公職者라는 조어를 찾기는 쉽지 않다. 오늘날 공직자를 칭하는 공무원公務員 개념은, 근대적인 개념이다. 서구에서 16세기 이후 절대왕정 체제를 구축하는 과정에 국왕이 돈을 주고 '평범한 출신'의 사람을 뽑아 상근 직원이 되면서[4] 시작된 것이었다. 우리의 경우도 대한민국 정부 수립 이후 비로소 공무원 개념이 도입되었다.[5] 대신 이전에 공무원을 의미하는 개념으로는 관인官人·관료官僚 등으로 통칭되기도 하였다.

이런 가운데 문헌을 검색해보면, 오늘날 공직 개념과 유사한 의미로 사용된 '공직'이라는 용례가 확인되기도 한다. 즉 1709년(숙종 35) 12월 당시 병조兵曹에서 판중추부사 이여李畬가 녹봉 수령을 거부한다는 것을 보고하였다. 이여는 당시 본인이 서울로 올라온 이유는 국왕에게 문안을 드리기 위해 온 것이지 "공직지계公職之計"를 위한 것은 아니라고 하였다.[6] 여기서 이여가 사용한 "공직"이란 '공적인 직무 혹은 직임' 정

24~26쪽.

4 이매뉴얼 월러스턴 저·나종일 외 옮김, 『근대 세계 체제 I』, 까치, 2013, 209~211쪽.

5 『한국민족문화대백과사전』(http://encykorea.aks.ac.kr) 공무원조.

6 『승정원일기』 451책, 숙종 35년 12월 13일(기유), "又以兵曹言啓日 行判中樞府事李畬 今已入京 故祿牌使本曹郎廳 依例持納 則以爲 今已上來 只爲問安 非爲公職之計云 而祿牌辭而不受 何以爲之 敢棄 傳日 更爲持傳"(이하는 http://sjw.history.go.kr 참조).

도로 이해된다. 조선시대 '공公'은 나양한 의미로 사용되었는데, 이 중 국가나 왕실, 관청 등을 칭하기도 하였다.[7] 이여가 사용한 '공직'도 여기에 해당되는 것으로 파악되며, 반드시 오늘날 공무원과 같은 개념으로 사용한 것으로 보이지는 않는다.

오늘날의 공무원 개념으로써 공직公職이란 표현이 사용되지 않았다는 것은, 이 글에서 대상으로 한 공직윤리가 별도로 제정되지 않았다는 의미와도 통한다. 즉 조선시대에는 이른바 '공직윤리公職倫理'라는 것이 별도의 규정이나 항목으로 존재하지는 않았다. 이는 우리를 포함해 동양 사회의 특성으로 지적된다. "관료들의 공직윤리는 그 자체가 별도의 도덕 가치들을 구성하지 않았다는 점은 동양의 공직윤리가 가지는 특징 중 하나"이다. 공직윤리가 자연스럽게 성취되는 부수적인 덕목일 뿐 그 자체가 목적은 아니며, "사士 계층 전반의 유학적 수기치인修己治人의 철학에 기반하고 있으며, 출사한 공직자만을 위한 윤리적 기준이나 가치체계가 별도로 존재한 것은 아니었다".[8]

즉 조선시대에 공직이라는 용어가 사용되지 않고 공직윤리가 규정되지 않았다. 다만 별도로 규정되지 않았다고 하여 공직윤리가 없는 것은 아니었다. 주로 유학적 수기치인의 철학에 기반하고 있을 뿐이다. 그리고 이러한 철학적 전통은 현장에 적용되어 공직윤리로 기능하였다. 아래에서는 이런 점을 전제로, 조선시대 공직윤리를 살펴보고자 한다. 동시

7 이근호, 『공公, 천하의 기준이 되다』, 글항아리, 2018 참고.
8 최화인·배수호, 「공직윤리와 충忠」, 『한국행정학보』 49-3, 2015, 7쪽.

에 조선시대 이른바 공직윤리를 제대로 준수하여 모범으로 선정된 청백리도 함께 검토할 것이다.

2. 인仁·의義·청렴淸廉 등, 조선조의 공직윤리

조선은 건국 이후 유가儒家의 정치철학을 국정 운영의 기저로 삼았다. 그런만큼 관료문화 역시 이에 영향을 받았음은 쉽게 짐작된다. 유가의 경전 중 하나인 『대학大學』에서는 통치자나 관료의 기초적인 수련 요건을 단계적으로 명시하고 있다. 즉 격물格物·치지致知·성의誠意·정심正心·수신修身·제가齊家·치국治國·평천하平天下가 그것이다. 최고의 목표를, 나라를 다스리고 천하를 평정하는 치국·평천하에 두고 이를 위해 단계별로 엄격한 수련 조건을 제시한 것이다. 치국·평천하를 위해서는 자신의 집안을 잘 관리하여야 하고, 제가를 위해서는 먼저 자기를 수양하여야 하였다. 자기 수양의 전제인 격물·치지·성의·정심은 가장 중요한 사회 활동의 기초로, 사물의 이치를 궁구하면서 뜻과 마음을 바르게 한다는 내면적 성실성을 강조한 것이다.[9]

이런 단계를 전제로 해서 덕치德治를 강조하였다. 유가의 덕치 논리가 구축되는 과정에서 공자孔子나 맹자孟子·순자荀子 등이 인도人道를 강조하거나 왕도王道 혹은 예치禮治를 강조하는 등 차이가 있었다. 그러

---

9 이영춘, 「조선시대 청백리 제도와 공직 윤리」, 『경기도 청백리의 뿌리를 찾아서』, 실학박물관, 2014, 9쪽.

대학(실학박물관 소장)　　　　맹자(실학박물관 소장)　　　　삼봉집(국립중앙박물관 소장)

나 대개 덕치란 도덕적 수양을 전제로 민본民本을 표방하며 군신君臣·
부자父子·부부夫婦·형제兄弟·붕우朋友의 통일과 화해를 통한 천하일
가天下一家를 위한 구상이었다.[10]

　　조선의 관료문화에 이상과 같은 유가적 관료 문화가 바탕이 되었을
것임은 쉽게 상정된다. 이와 관련해서 조선 건국 직후 국가체제 구축
과정에 깊숙이 개입하였던 정도전鄭道傳은 수령을 비롯한 목민관牧民官
은 '민의 부모'임을 강조하였으며, 목민관의 선정은 민의 생활을 좌우
하게 된다고 하였다. 이런 인식은 조선조 이래 강조되던 것으로, 일례
로 "수령守令은 백성을 가까이 하는 직임이니, 백성의 휴척休戚에 관계
된다[守令 近民之職 民之休戚係焉][11]"라고 한 것이 그것이다. 이러한 인식은

10　唐鏡, 『德治中國-中國古代德治思想論綱』, 中國文史出版社, 2007.

11　일례로, 『태종실록』 권8, 태종 4년 8월 20일(기축)(이하 조선왕조실록은 http://sillok.
　　history.go.kr를 참고함)

조선을 관통하며 강조되었다. 정도전은 목민관이 선정을 하기 위해서는, 진유眞儒이어야 한다고 하였다. 진유란 도덕이 몸과 마음에 온축蘊蓄된 자로, 진유와 관리가 일체되어야 함을 강조하였다. 또한 수령의 고과에서 덕행德行을 중시하였다.[12] 여기서 덕행은 앞서 언급한 유가에서 강조한 덕치의 또 다른 표현이었다.

정도전이 강조한 덕행은 조선조 관료문화의 원칙적 차원에서 이후에도 지속적으로 강조되었다. 아울러 이를 전제로 관료문화 구축을 위한 제도적 정비를 단행하였다. 특히, 관료문화의 형성에 고과가 중요한 요소로 영향을 끼친다는 점에서 고과와 관련한 제도적 정비는 주목해야 한다. 건국 직후인 1392년(태조 1) 8월 수령의 전최법殿最法이 제정되었다. 전최란 포폄의 다른 표현으로, 전殿은 가장 하등下等의 고과를, 최最는 가장 상등의 고과를 말한다. 이때 수령의 임기를 30개월로 정하는 것과 함께 수령으로서 "① 욕심이 많고[貪婪], ② 잔인하고 포악하며[殘暴], ③ 무력하고[罷軟], ④ 게으르고 열등하며[怠劣], ⑤ 직임을 감당할 수 없는 자[不稱職任者]"[13]는 감사가 그 실상을 조사해서 인사에 반영하도록 하였다. 이를 목민관의 자격이라는 측면에서 본다면, ① 청렴하고, ② 어질어야 하며 ③ 능력이 있고 ④ 성실하고 근면하며 ⑤ 직임을 감당할 수 있어야 한다는 것을 말하는 듯하다.

위에서 지적한 전최법의 내용은 조선에서 지향한 공직윤리의 또 다

12 도현철, 『고려말 사대부의 정치사상연구』, 일조각, 1999 ; 도현철, 「정도전의 문치 사회론의 성격」, 『다산과 현대』 7, 연세대학교 강진다산실학연구원, 2014.

13 『태조실록』 권1, 태조 1년 8월 2일(신해).

른 표현이었을 것으로 판단된다. 조선시대 공직윤리는 청렴을 비롯해 인仁·의義 등으로 규범화할 수 있다. 물론 인·의 등의 개념은 유가의 핵심 개념이기도 하며, 오랫동안 철학적 논의가 진행된 것이어서 여기서 이를 전반적으로 설명하는 것은 불가능하다. 이 글에서는 일단 이같은 철학적 논의는 뒤로 하고 주로 공직윤리의 차원에서 고찰하기로 한다.

조선시대 사군자士君子가 글을 익히고 도를 행하는 것은 사적으로는 "입신양명하여 출세해서 부모의 마음을 기쁘게 해 드리고자 하는 것"[14]이고, 공적으로는 "자기의 학문을 남에게 미쳐 우리 임금을 요순처럼 되게 하여 무궁한 후세에 훌륭한 이름을 빛내도록 하기 위해서"[15]이다. 그리고 관직에 나오게 되면, "사군자의 공명功名과 사업事業은 재상이 될 수 없다면 마땅히 수령이 되어야 한다. 재상은 만백성에게 은택을 끼치고 수령은 한 지방에 은혜를 베푸니, 비록 다스리는 대상의 크기가 같지 않고 이름과 지위가 같지 않으나 백성에게 은덕을 끼친다는 점"[16]에서는 같은 것이었다. 학문을 익히고 도를 행하는 사군자는 재상이 될 수 없으면 수령이 되어 백성들에게 혜택을 베풀 수 있는 관인이 되는 것이다.

사군자가 관직에 나아가 관인으로서 정사를 베풀 때 갖추어야 할 공

---

14 徐居正, 『四佳集』 권6, 序, 「送趙判官之任晉州詩序」,(이하 문집은 한국고전번역원 한국고전종합 db http://db.itkc.or.kr를 참고함)

15 成俔, 『虛白堂集』 권7, 序, 「送西海韓都事序」.

16 徐居正, 『四佳集』 권6, 序, 「送朴先生出守密陽詩序」.

직윤리에 대해서, 김창협金昌協(1651~1708)은 다음과 같이 진술한 바 있다.

> 군자의 정사가 은혜를 베풀려고 하지 않아도 은혜로운 것은 마음 속에 보존된 것이 인仁이기 때문이고, 이치를 따르려 하지 않아도 이치에 닿는 것은 마음 속에 보존된 것이 의義이기 때문이며, 엄숙하게 하려 하지 않아도 엄숙한 것은 마음 속에 보존된 것이 경敬이기 때문이고, 미덥게 하려 하지 않아도 미더운 것은 마음 속에 보존된 것이 충忠이기 때문이다. 그리하여 인仁의 마음으로 감동시키면 백성이 배반하지 않고, 의義의 마음으로 감동시키면 백성이 야박하

지 않고, 경敬의 마음으로 감동시키면 백성이 태만하지 않고, 충忠의 마음으로 감동시키면 백성이 기만하지 않는 것이니, 백성을 관찰하면 그 정사를 알 수 있고 정사를 살펴보면 그 마음을 알 수 있다.[17]

군자의 정사를 살피려면 백성을 관찰하면 된다고 전제하고, 군자가 인仁하면 백성이 배반하지 않고, 의義하면 백성이 야박하지 않으며, 경敬하면 백성이 태만하지 않고, 충忠하면 백성이 기만하지 않는 다는 것이다. 즉 군자는 공직윤리로써 인·의·경·충을 갖추어야 한다. 이를 갖추고 행하여 정사를 잘 하는 사람은 "몸이 당堂 아래로 내려가지 않고도 마음이 백성에게 인정받고, 말이 문밖에 나가지 않고도 교화가 온 고을에 행해지게"될 것이라고 하였다. 대신 법을 밝히고 형식을 익히며 힘껏 노력하고 부지런히 행함으로써 여러 분야를 처결하고 파악하여 직무를 올바로 수행하며, 전곡錢穀의 출입에 오류가 없게 하고 행정 기한을 적기에 맞추는 일만을 추구하는 것이 관리[吏]의 능력이라고 하였다.[18] 김창협이 지적한 군자란 유가에서 제시하고 있는 현실에서 구현하고자 하는 이상적인 인간상으로, 군자가 되어야 사람을 다스릴 수 있다고 하였다. 반면 행정적이고 세부적인 것은 관리의 능력이라고 구분하였다.

김창협의 경우 군자의 역할과 관리의 능력을 구분하고 있으나, 서거

---

17 金昌協, 『農巖集』 권21, 序, 「送崔良兄宰歙谷序」.
18 金昌協, 『農巖集』 권21, 序, 「送崔良兄宰歙谷序」.

정 徐居正(1420~1488)은 이를 체용 體用으로 설명하고 있어 주목된다. 체 體란 사물의 본체나 본질을 의미하고, 용 用은 사물의 작용이나 현상을 말한다.

학문을 자신에게 쌓아 유자 [儒]가 되고 일에 시행하여 관리 [吏]가 되니, 두 가지 길이 아니다. 그런데 후세의 변론을 좋아하는 선비가 유자와 관리를 나누어 놓자, 유자는 관리를 속리 俗吏라고 헐뜯고 관리는 유자를 부유 腐儒라고 헐뜯어 마치 서로 길이 다른 것처럼 하니, 이것이 어찌 진정으로 참된 유자와 참된 관리를 아는 것이겠는가. 한 漢나라의 소하 蕭何, 조참 曹參, 병길 丙吉, 위상 魏相은 모두 문서를 정리하는 하급 관리 출신이고, 송 宋나라의 구준 寇準, 범중엄 范仲淹, 한기 韓琦, 부필 富弼은 모두 과거로 출신하였으니, 유독 유자와 관리로만 지목할 수 있겠는가. 유자로서 문의 文義에 얽매이고 사정 事情에 어두운 사람과 관리로서 글을 깊이 따져 각박하게 적용하고 마련하여 준비하는 것만을 능사로 여기는 사람은 한갓 유자와 관리라는 이름만 있을 뿐이지 유자와 관리의 실상은 없어 유자와 관리의 죄인이 되니, 더욱이 유자와 관리로 인물을 논해서는 안 될 것이다. 더군다나 수령은 임금의 근심을 나누어 100리 里의 고을을 맡아 다스리는 직책이어서 자기를 닦고 남을 다스리는 일과 백성을 교화하고 풍속을 이루는 일 및 장부의 문자와 1년 회계의 관리 감독 등 유자와 관리의 책무가 한 몸에 모여 있으니, 유 儒에 근본을 두어 체 體를 세우고 그것을 이 吏에 시행하여 용 用을 이루지 않아서는 안 될 것이다.[19]

---

19 徐居正, 『四佳文集』 권5, 序, 「送安君之任安峽詩序」.

위에서 서거정이 제시한 유자[儒]와 관리[吏]는 앞서 김창협이 제시한 군자와 관리에 대비되는 것이다. 서거정은 "유자로서 문의文義에 얽매이고 사정事情에 어두운 사람과 관리로서 글을 깊이 따져 각박하게 적용하고 마련하여 준비하는 것만을 능사로 여기는 사람은" 실상이 없는 것이라고 한다. 그러면서 특히 수령의 경우 "수령은 임금의 근심을 나누어 100리의 고을을 맡아 다스리는 직책이어서 자기를 닦고 남을 다스리는 일과 백성을 교화하고 풍속을 이루는 일 및 장부의 문자와 1년 회계의 관리 감독 등"은 한 몸에 있어야 한다고 하였다. 유가에서 이상적인 군자상을 제시하고 있으나, 현실에서 정사를 할 때는 구체적인 직무도 파악하고 있어야 한다는 지적으로 이해된다. 결국 김창협이나 서거정이 군자나 유자(儒者)로 지칭하면서 제시한 윤리적이고 철학적 개념들은 일단 공직윤리 차원에서 이해할 수 있지 않을까?

이와 같은 인·의 등의 공직윤리는 관념에 그치지 않고 실제 현실에 반영되었다. 인仁의 경우에 대해서 살펴보자.

> 내가 불인不仁을 행한다면, 그 해악을 어찌 이루 다 말할 수 있겠는가. 포악하면 백성을 해쳐 가며 기분을 풀려고 할 것이고, 탐욕스러우면 백성을 괴롭히며 자신을 살찌울 것이며, 기만적이면 백성을 속이며 거짓을 행할 것이니, 이는 모두 불인不仁한 결과이다.[20]

20 金昌協, 『農巖集』 권22, 序, 「送李同甫宰仁川序」.

위 기록은 김창협이 인천 현감으로 가는 이희조李喜朝를 전송하면서 말한 것인데, 수령이 어질지 못하면 포악해지고 탐욕스러워지며, 기만적이게 된다는 것이다. 이에 비해서 인(仁)의 정사는 다음과 같다.

군자는 정사를 불인不仁하게 해서는 안 되니, 형벌을 줄이고 세금을 적게 걷으며 비용을 절약하고 농번기를 피하여 부역을 지움으로써 백성들이 삶을 편안히 여기고 생업을 즐겁게 여기도록 하고, 홀아비, 과부, 고아, 외로운 노인들이 모두 생계를 유지할 수 있도록 해야 한다. 그런 다음에야 내 마음의 사랑이 모두 실현될 것이니, 이것이 이른바 인仁이다. 고을을 다스리는 도리가 어찌 이보다 더 큰 것이 있겠는가.[21]

즉 인의 정사는 구체적으로 형벌을 줄이고 세금을 적게 걷으며, 비용을 절약하는 등을 통해 백성의 삶을 편안하게 하고, 생업을 즐기게 하며 이른바 사회적 약자라고 할 수 있는 홀아비나, 과부 등이 모두 생계를 유지할 수 있어야 했다. 그런데 이렇게 하지 못한 것은 바로 사심私心이 개입되기 때문으로, 사심은 "나무에 좀벌레가 있고 곡식에 명충螟蟲이 있는 것"과 같다고 지적하였다. 따라서 사심을 버리고 '인(仁)'의 마음으로 정사를 실현한다면 백성이 편안해질 수 있다고 하였다.

공직윤리로써 의義도 구체적인 현실에 적용된다. 의에 대해서 이식李植(1584~1647)은 다음과 같이 발언하였다.

21　金昌協, 『農巖集』 권22, 序, 「送李同甫宰仁川序」.

택당선생집(국립중앙박물관 소장)

대체로 보건대 이 세상의 일은 무궁무진하게 변해 가는데, 여기에 대처하는 우리의 길은 오직 하나라고 여겨진다. 그 하나는 무엇이겠는가. 바로 의리[義]일 따름이다. 이 의리라는 것이 본래 우리의 몸 속에 들어 있으면서 대상에 따라 감응感應하는 것인 만큼 막히고 말고 할 것이 없는 것처럼 여겨지기도 하지만, 그러나 반드시 이를 밝힌 뒤에야 미혹迷惑되지 않을 수가 있고, 반드시 이를 기른 뒤에야 고갈되지 않을 수가 있는 것이다.[22]

위의 기록은 이식이 평안도관찰사로 나아가는 홍원구洪元耇에게 전한 것이다. 여기서 이식은 '의리'가 세상의 무궁무진 변화에 대처하는 유일한 길이라고 하면서, 의리를 밝힌 뒤에야 미혹되지 않고 고갈되지 않는다고 하였다. 그러면서 이것이 관인이 되어서는 구체적인 현실에 적용되었다.

22 李植, 『澤堂集』 권9, 序, 「送洪元老出按關西序」.

아, 원로는 이 의리라는 것에 대해서 분명하게 살펴 자신의 길을 선택하고 과감하게 행동으로 옮겼다고 말해야 할 것이다. 진정 이런 식으로 계속 밀고 나갈 수만 있다면, 퇴폐한 풍속도 떨쳐 일으킬 수가 있을 것이요, 흩어진 백성들도 다시 모여들게 할 수가 있을 것이다. 그리하여 그들에게 일을 시켜도 원망하는 일이 없게끔 할 수 있을 것이요, 일단 전투가 벌어지면 용감하게 싸우도록 할 수가 있을 것이니, 가령 저 오랑캐들이 다시 쳐들어온다 하더라도, 걱정할 것이 뭐가 있겠는가.[23]

즉 의리가 있으면 잘못된 풍속도 바로 잡을 수 있고, 흩어진 백성도 다시 모을 수 있다는 것이다. 이식이 살던 시기는 조선이 왜란과 호란 등 전쟁을 경험한 시기였다. 관인으로서 전쟁을 극복하고 민심의 안정이 더 없이 중요한 시기였다. 이식은 이를 위해 의리가 중요하며, 의리를 밝히면 흩어졌던 백성도 다시 모여들면서 전쟁을 극복할 수 있을 것이라고 하였다.

이상의 인·의 등과 함께 공직윤리로 강조되던 것이 청렴이었다. 유몽인柳夢寅(1559~1623)은 이에 대해 다음과 같이 진술하였다.

무릇 사람의 마음은 일정하지 않아 검약하기는 어렵고 제멋대로 쓰는 것은 쉬우니, 만약 한 번 제멋대로 쓰기 시작하면 세세한 것부터 큰 것에 이르기까지 날마다 사치한 데로 빠지니 다시 예전의 어렵고 힘들었던 때를 생각할 수 있

---

23 李植, 『澤堂集』 권9, 序, 「送洪元老出按關西序」.

겠는가. 이제는 토산물이 점점 풍성해져 나날이 옛날로 회복하고 있거늘 만약 제멋대로 낭비하여 전철을 밟는다면 이는 거ᄇᆞᆯ 땅에 있던 때를 잊는 것이다. 이곳을 다스리는 자는 마땅히 검약함을 스스로 지켜 평소 낭비하는 풍속을 혁파하여 고인이 염교 뿌리를 뽑고 아이를 품으며 물을 따른 행위와 같이 한다면, 양을 잃고 우리를 고치고 말을 잃고 마구간을 수리하는 일일지언정 혹여 후환은 없을 것이다. 지금 공이 매우 영광스럽게 황금 띠를 차고 큰 고을에 부임하니 상의 은혜에 보답할 방법을 어찌 생각하지 않겠는가. 부디 이 말을 새겨 관문에 걸어두어 지방관으로서의 경계로 삼을지어다.[24]

즉 사람의 인성은 검약하기 어려워서, 한번 제멋대로 쓰기 시작하면 날마다 사치가 심하여진다는 것이다. 이렇게 되면, 거ᄇᆞᆯ 땅에 있던 때를 잊는 것, 즉 예전에 곤경에 처했을 때를 잊게 되므로 경계해야 한다고 하였다. 더구나 당시는 물산이 풍부해지면서 점차 회복되는 상황이므로, 검약함을 스스로 지켜 평소 낭비하는 풍속을 혁파하여야 한다고 하였다.

다산 정약용은 청렴이 지방관의 본무라고 하면서,[25] 청렴과 관련해서 다음과 같이 진술한 바 있다.

백성을 사랑하는 근본은 비용을 절약하는 데 있고, 비용을 절약하는 근본은 검소한 데 있다. 검소한 뒤에야 청렴하고, 청렴한 뒤에야 자애로울 것이니, 검

---

24 柳夢寅,『於于集』권3, 序,「送具子和令公尹義州府序」.
25 정약용,『목민심서』律己 6조, 제2조 清心.

소야말로 목민牧民하는 데 먼저 힘써야 할 것이다. 어리석은 사람은 못 배우고 지식이 없어서 산뜻한 옷차림에 고운 갓을 쓰고, 좋은 안장에 날랜 말을 타고서는, 위풍을 떨치면서 세상에 자랑하려고 하지만, 노련한 아전은 신관新官의 태도를 살필 때, 먼저 그의 의복과 안마를 묻되 만일 사치스럽고 화려하다면 비웃으면서 '알 만하다' 하고, 만일 검소하고 허술하면 놀라면서 '두려운 분이다' 하는 줄은 모르고 있다. 거리의 아이들이 부러워하는 것을 식자들이 비루하게 여기니, 도대체 무슨 이익이 있겠는가. 어리석은 자는 남들이 자기를 부러워하는 줄 착각하고 있지만, 부러워하지 않을 뿐만 아니라 도리어 미워한다. 자기 재산을 털어다가 자기 명예마저 손상시키고, 게다가 남의 미움까지 사게 되니 이 또한 어리석은 짓이 아닌가. 무릇 사치스러운 짓은 어리석은 자나 하는 것이다.[26]

즉 정약용은 민본의 근본은 비용 절감이며, 이를 위해서는 검소해야 한다고 하였다. 검소해야 청렴하고, 청렴해야만 백성들에게 자애로울 수 있다는 것이다. 그리고 검소하고 청렴하면 고을의 노쇠한 아전들이 두려워한다고 하였다. 반면 어리석은 자들이 자신을 치장하고 사치한다고 하였다.

그렇다면 위에서 공직윤리의 하나로 지적한 청렴이란 무엇인가? 이에 대해서 최한기崔漢綺(1803~1877)가 흥미로운 지적을 하고 있어 주목된다.

---

26 정약용, 『목민심서』 赴任 6조 , 제2조 治裝.

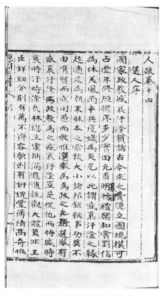

인정(실학박물관 소장)

윗사람의 하사下賜와 아랫사람의 선물을 사양하고 받지 않는 것이 염결廉潔이고, 많이 취할 수 있는 것을 조금 취해서 다른 사람과 화합하고 자신의 이익을 남겨 다른 사람에게 돌려서 겸양謙讓의 기풍을 세우는 것은 청렴淸廉이다. 단지 취하지만 않을 뿐 자신이나 다른 사람에게 아무런 권징勸懲이 되는 바가 없는 것은 도렴徒廉이고, 불리不利를 이利로 삼아 천하에 명성을 떨치는 것은 염덕廉德이다. 대체로 청렴하다는 것에는 이 네 가지가 있는데, 이것을 뚜렷이 분별할 줄 알아야만 능히 청렴한 사람을 선거할 수 있다. 만약 고상高尙이나 개결介潔이라는 이름만을 사모하여 세상을 다스리는 데에는 아무런 보탬이 없다면, 이런 것은 비록 탐욕스러운 풍조에 대해 격려나 권장이 될 수는 있지만, 선거에서 높일 바는 되지 못하는 것이다. 다만 탐묵貪墨이 극성스러운 시대에는 청렴결백한 사람이 극히 드물어, 청렴하다고 하기 어려운 자까지 청렴하다는 이름을 얻기가 쉽다. 그러나 정교政敎가 훌륭한 시대를 만나면 참으로 높일 만한 청렴한 덕성을 가진 사람이 반드시 포장을 많이 받을 것이다.[27]

위에서 최한기는 청렴과 관련해서, 염결廉潔·청렴·도렴徒廉·염덕廉德 4가지로 구분하였다. 염결은 윗사람의 하사와 아랫사람의 선물을 받지 않는 것으로, 청렴은 많이 취할 수 있는 것을 조금 취해서 다른 사람

과 화합하고 자신의 이익을 남겨 다른 사람에게 돌려서 겸양謙讓의 기
풍을 세우는 것이라고 하였다. 도렴은 취하지만 않을 뿐 아니라 특별
히 징계할 바가 없는 것을, 염덕은 불리함을 이익으로 삼아 천하에 명
성을 떨치는 것이라 설명하였다. 최한기는 이상의 4가지가 청렴이라고
할 수 있다며, 이를 분별하여 사람을 가려 써야 한다고 하였다. 그러면
서 비록 고상하다거나 성품이 곧고 깨끗하다는 이름만으로 사람을 쓰
면 세상에 도움이 되지 않는다고 하였다.

이상에서 살핀 바와 같이 조선시대에는 별도로 공직윤리를 제정하
지는 않았다. 그럼에도 대개는 인·의·청렴 등과 같이 유가의 윤리적이
고 철학적인 개념들이 공직윤리로 기능했다고 하겠다. 그리고 그것은
구체적인 실제 행정의 지표로 강조되기도 하였다.

3. 공직윤리의 실천자, 청백리

공직윤리를 논할 때 그 표상으로 강조되는 것이 조선시대의 청백리이
다.[28] 조선에서 청백리 선발은 15세기에 본격적으로 논의되어 시행되
었다. 청백리를 선발하자는 기록은 성종대에 이르러서야 비로소 제기
되었다. 즉 1470년(성종 1) 대사헌 이극돈은 사유四維, 즉 예의염치를 흥

27 崔漢綺, 『人政』 권14, 選人門, 「選廉」.
28 이하 청백리에 대해서는 이근호, 「조선의 관료문화와 청백리」, 『경기청백리』, 실학박물관,
    2016에 의거하였음을 밝힌다.

기시켜야 함을 강조하면서 그 일환으로 다음과 같이 주장하고 있다.

생각하건대, 효도는 비록 한 집의 일이지만 나아가 나라에 충성할 수 있는 것이고, 청백은 비록 한 몸의 행실이지만 베풀어져 백성에게 이롭게 할 수 있습니다. 그렇다면 절행節行이 국가에 관계있는 것이 어찌 만만번이나 큰 것이 아니겠습니까? 지금 국가에서 반드시 효성스럽기가 증자曾子 같고, 청백하기가 백이伯夷 같고, 충직忠直 강개하기가 급암汲黯·주운朱雲 같아서 사람들이 딴 말이 없는 연후에야 상을 줄 수가 있다고 한다면 온 세상에 구하더라도 얻기가 쉽지 않을 것이니, 포숭하는 법전이 혹 주밀하지 못할까 두렵습니다. …(중략)…엎드려 바라건대, 전하께서는 유사에 신칙申飭하셔서 집안에 있어서 충효·정절이 있는 자와 나라에 있어서 청백 강개한 자를 널리 찾아 계문하게 하여 비록 적은 한 가지 착한 것이라도 또한 포숭하는 예에 두어서 조정의 장려하는 뜻을 보이소서[29]

즉 예의염치를 흥기시키기 위해 효·충과 함께 청백한 인물을 뽑아 이를 포장할 것을 제시하였다. 이후 1487년(성종 18)에는 국왕이 전지를 내려 변장邊將을 선발할 때 "공렴하고 청백한 자[公廉淸白可堪其人者]"를 직질의 높낮이를 논하지 말고 임명하도록 하였다.[30]

또한 1503년(연산군 9) 경연에서 헌납 최숙생은

---

29 『성종실록』 권3, 성종 1년 2월 22일(신미).
30 『성종실록』 권200, 성종 18년 2월 21일(신묘).

"금년은 흉년이 들어 백성들이 굶어 죽은 사람이 많으니, 꼭 백성들을 소생시키려고 하면 수령보다 더 중요한 것이 없습니다. 그러나 재물을 탐내고 횡포한 수령은 많고 청렴하고 근신하는 수령은 적으니, 청백리淸白吏를 포상하여 그 나머지 수령들을 격려하소서."[31]

라며 청백리를 포상하자고 하였다.

물론 청백리라는 표현이 없다고 하여 이전에 청백을 포장하는 일이 없었던 것은 아니다. 이는 관료 사후 행적을 평가해 내려주는 시호를

---

31 『연산군일기』 권48, 연산 9년 2월 11일(무신).

통해서 확인이 가능하다. 세종대에 정승을 지낸 맹사성孟思誠의 경우 집안 가족들이 햅쌀밥을 먹어보지 못했을 정도로 청빈했다고 하며, 그에게 내려진 시호가 문정文貞인데, 이때 정貞은 청백하게 절조를 지킴을 의미하는 표현이다.[32] 1424년(세종 6)에 사망한 조용趙庸의 경우도 맹사성과 동일한 시호를 부여받았다.[33] 문종대의 조어趙峿는 "마음가짐이 청백淸白하고 도리道理를 지켜 마음이 흔들리지 아니하며, 만약 의義가 아니면 결코 남에게서 취取하지 않는다."[34]라고 한 바 있다. 청백의 개념은 이미 건국 초부터 관료들을 평가할 때 중요한 기준이었음은 부정할 수 없다. 이는 1392년 전최법이나 1406년의 고과법에서도 거론된 항목이었다.

다만, 청백리의 선발을 제도적으로 추진하기 시작한 것이 15세기 후반으로 부정한 행위를 하는 관원에 대한 경계의 의미로 출발했으며, 이후 청백리 자손에게 특별히 관직에 등용하는 것과 관련해서 자주 논의되었다. 1532년(중종 27) 1월 헌납 김미金謘가 "염치가 없어져서 탐오한 풍습이 크게 유행하는 까닭에 청백리의 자손을 임용하는 법을 전에 이미 거행"[35]하였다고 한 발언은 바로 이 점을 지적한 것이다.「청백리자손록淸白吏子孫錄」[36]이나 「청백리안淸白吏案」[37]이라는 문서는 이를 위한

---

32 『세종실록』 권83, 세종 20년 10월 4일(을묘).
33 『세종실록』 권24, 세종 6년 6월 28일(신미).
34 『문종실록』 권10, 문종 1년 10월 6일(신미).
35 『중종실록』 권72, 중종 27년 1월 28일(정축).
36 『명종실록』 권33, 명종 21년 12월 21일(정미).
37 『숙종실록』 권21, 숙종 15년 5월 11일(병오).

준거가 되었다.

중종 연간인 1513년(중종 8) 11월 부산포 첨사 박유인朴有人[38]이 청백리로 선발되었고, 1514년(중종 9) 12월 정창손鄭昌孫·이숭원李崇元·김흔金訢·유희철柳希轍·송흠宋欽·박상朴祥 등이 청백리로 추천되었으며, 명종대와 선조대, 인조대, 숙종대 등을 거치며 청백리 선발이 이루어졌다.

『중종실록』 1514년 12월 청백리 선발 기사

다만 다산 정약용이 『목민심서牧民心書』에서 "경종 이후에는 이렇게 뽑는 일(즉 청백리를 선출하는 일)마저 끊어져서 나라는 더욱 가난해지고 백성은 더욱 곤궁해졌다"[39]라고 지적하고 있어 주목된다. 단, 다산의 지적 중 경종 이후에는 뽑는 일이 끊어졌다는 지적은 재고가 필요하다. 경종대 이후에도 여전히 청백리를 선발하자는 논의가 제기되었으나 구체적인 명단이 확인되지 않을 뿐이다. 곧 선발하는 일이 없지는 않았던 것이다.

조선에서 청백리의 선발은 16세기~17세기 활발하게 이루어진 반면 18세기 이후에는 그 사례가 조선왕조실록에서는 잘 확인되지 않는다.

---

38 『중종실록』 권19, 중종 8년 11월 19일(계미).

39 정약용, 『목민심서』 律己 6조, 淸心.

保真生先李最的公翼光君晚白傳送故漢頌正7軸

이시백 초상화(국립중앙박물관 소장)

이 점에서 청백리는 역사적 산물이라는 사실을 인식할 필요가 있다. 즉 청백리가 특정한 정치 사회적 상황과 밀접한 관련을 가지고 있음을 상정할 수 있다.

한편, 우리는 청백리를 이해할 때 일종의 강박관념이 있는 것이 아닌가 생각된다. 즉 청백리는 무조건 찢어지게 가난해야 한다는 것으로 청백리 관련 일화에는 거의 빠지지 않고 등장한다. 그러나 과연 그러하였는지는 재고를 요한다. 아래에서 몇몇 인물의 행적을 통해 그들이 청백리로 선정된 이유 등을 살펴보도록 하자.

먼저 중종 연간인 1514년(중종 9) 청백리로 선출된 정창손의 경우, 좌익공신佐翼功臣과 정난공신靖難功臣, 익대공신翊戴功臣, 좌리공신佐理功臣 등 세조~성종대까지 4차례 공신으로 책봉된 인물이다. 정창손에 대해 사후 신도비명을 찬술한 서거정은 그에 대해 다음과 같이 평가하였다.

① 공의 성품은 대범하고 엄하며 높고 빼어나며, 청렴하고 공정하며 바르고 곧았다. ② 학문은 해박하고 문장은 전아典雅하였으며, 필법이 절묘하여 한 시대의 으뜸이었다. ③ 평생 가산家産을 일삼지 않아 신하의 최고 지위에 있었지

정창손 묘역(문화재청)

만 집안 살림은 초라하였다. ④ 관직에 몸담아 일을 처리할 때에는 명백하고 정대하였으며, 선물은 누구에게도 받지 않아 청탁이 행해지지 못하니, 사람들이 감히 사적인 일로 간청하지 못하였다. …(중략)… ⑤ 남을 대할 때는 공손하여 비록 지위가 낮은 하사下士가 문안하러 오더라도 반드시 문밖에서 마중하고 전송하였으니, 천성이 그러하였다.[40]

먼저 ①에서는 그의 성품을 전체적으로 평하여 성품이 고매하고 간엄하며 청렴하고 공정하며 정직하였다[廉公正直]. ②에서는 학문과 필법

40 徐居正, 『四佳集』 보유 권1 비지류, 「輸忠勁節佐翼定難翊戴純誠明亮經濟佐理功臣 大匡輔國崇祿大夫 蓬原府院君兼領經筵事 贈諡忠貞鄭公神道碑銘」.

에 뛰어났음을 말하고 ③에서는 최고의 관직에 올랐음에도 청렴하여 가세가 초라하였다고 하였다. 이어 ④에서는 거관시에는 명백하고 정당하였으며, 선물도 받지 않아 청탁이 행해지지 않았음을 말하였다. 즉 관원으로서 청렴결백하였으며, 일처리가 정당하고 명백했다는 점, 청탁을 받지 않았다는 점 등이 강조되었다.

1515년(중종 10) 청백리로 선출된 조원기趙元紀는 천성이 청검淸儉했다고 한다.[41] 그의 청백은 온 나라 사람들이 다 알정도이어서 탐오를 논할 때 심정沈貞·이항李沆·김극핍金克愊을 언급하면서 그와 반대로 청백을 논할 때는 반드시 조원기를 논할 정도였다.[42] 조원기의 비문을 찬술한 홍언필洪彦弼은, 조원기의 생활에 대해

"벼슬이 재보宰輔에까지 올랐는 데도 낡은 집과 짤막한 담장이 겨우 비바람을 가릴 정도로 옹색하였고, 부엌의 찬장에 있는 것은 소금과 채소에 불과하였으니, 사람들은 그러한 생활을 견디지 못할 것으로 여겼으나 공은 즐거워하며 싫증내지 않았다."[43]

라며, 그의 청렴결백한 생활을 지적하였다. 아울러 조원기의 거관할 때의 생활에 대해서도 평하기를 "평생 동안 자기가 맡은 일에 성실하고 부지런하여 아무리 추운 겨울이나 더운 여름에도 일찍이 단 하루도

---

41 『중종실록』 권21, 중종 10년 2월 16일(갑진)

42 『중종실록』 권73, 중종 27년 4월 20일(무술).

43 『국역 국조인물고』, 조원기 조, 세종대왕기념사업회, 1999

정고呈告, 휴가 신청을 말한 적이 없었으므로, 무릇 함께 벼슬하는 동료들이 공을 보고서 스스로 면려하였다."[44]라고 하여 성실성을 강조하였다.

1601년(선조 34) 청백리에 선출된 이원익에 대해서 당시 사평은 다음과 같이 기록하였다.

"때에 얼음처럼 맑고 옥처럼 깨끗하여 한 점의 흠이 없는 자는 참으로 많이 얻을 수가 없었지만, 이원익 같은 사람은 ① 성품이 충량忠亮하고 적심赤心으로 국가를 위해 봉공奉公하는 이외에는 털끝만큼도 사적인 것을 영위하지 않았다. ② 벼슬이 정승에 이르렀으나 의식衣食이 넉넉지 못하여 일생 동안 청고淸苦하였는데, 이는 사람으로서 감당할 수 없는 것인 데도 홀로 태연하였다."[45]

위에서 ①에서는 이원익의 봉공하는 정신을 강조하고 있으며, ②에서는 청렴결백하는 그의 생활 모습을 소개하였다. 청백리 이원익에게 청백의 의미는 공직자로서 공도公道의 실현과 충忠의 또 다른 표현이고, 수신의 계제階梯로써의 의미와 함께 겸하謙下와 포용의 정신이었음이 지적된 바 있다.[46]

이원익의 이러한 모습은 청백리로 꼽을 수 있는 이광정李光庭에게서도 찾아진다. 이광정은 이원익과 함께 1601년(선조 34)에 청백리로 선

---

44 위와 같음.

45 『선조실록』 권137, 선조 34년 5월 16일(계축).

46 김학수, 「오리 이원익; 청백명상」, 『경기도 청백리의 뿌리를 찾아서』, 실학박물관, 2014 참조.

오리 이원익 초상화(국립중앙박물관 소장)

출되었던 인물이다. 이광정에 대해 그의 신도비문을 찬술한 이민구는 "중흥中興의 훈신勳臣이요 현신賢臣으로서 충절忠節을 다하고 맑고 평탄한 행동을 함으로써 신하의 도리를 진실로 다한" 인물로 평가하였다. 이광정은 "신하로서 섬기면서 온갖 수고를 하면서도 이해를 가리지 아니하였으며, 모유謀猷를 중외中外에 선양하고 시석矢石 속에서 분주하면서 한번도 집안 일은 묻지 않았다"고 하였다. 성실함과 함께, 모유를 중외에 선양했다고 한다. 여기서 모유란 꾀를 의미하는데, 이는 결국 경세가로서의 변모를 확인할 수 있는 대목이다.

물론 청백리로서 청렴결백한 모습도 묘사하였는데, "공은 더욱 빙벽氷蘗 같은 절조를 깨끗이 하여 봉록 외에는 척촌尺寸도 늘리지 않았고 거주시에도 항상 칭대稱貸함이 없었으며, 제기祭器도 두 벌 이상 장만하지 않았다. 항상 떨어진 옷과 야윈 말을 타면서 시종 가난한 선비처럼 지냈다"고 하였다. 아울러는 그는 "순덕純德과 좋은 명망에 겸손으로써 형통亨通을 얻었고 절조節操에 안주한 사람"이리고 평하였다.[47] 덕망이 있는 것은 물론이고 겸손하기도 하였다.

위에서 청백리라고 할 수 있는 몇 명을 소개하면서 이들이 청백리로 선정되게 된 배경을 추적해 보았다. 이를 통해 보면, 청렴은 기본적인 삶이었는데, 이와 함께 봉공의 자세와 함께, 성실하고 겸손하며 경세가적인 면모를 보였다는 점이다. 물론 이들이 청백한 관원이겠지만, 이런 사실을 놓고 볼 때 청백리 선발에 정치적 의도가 개입된 것은 아닐까 하는 의문이 들며, 이 점으로 인해 후일 비판에 직면하게 된다.

청백리에 대해서는 청백리 선출이 빈번하던 중종대부터 이미 그 문제점이 지적된 바 있거니와[48] 1601년(선조 34) 13명의 청백리를 선출한 것에 대한 사평에서, 청백리로 선정된 인물 중 이유중李有中에 대해서는 간당奸黨으로 포함되었다고 하였고, 김장생金長生에서 대해서는 "평소 청백하다는 이름이 없다"[49]라고 하여 부정적인 의견이 제출된 바 있다.

이유중과 김장생에 대한 위와 같은 평가는 일단 정치적 입장이 투영된 기록일 수도 있다. 즉 『선조실록』은 광해군대 북인 정권하에서 편찬된 것이다. 따라서 광해군과 북인의 정치적 입장이 강하게 투영된 것이라고 할 수 있다. 이유중은 1592년(선조 25) 5월 선조의 파천을 주장했던 이산해李山海의 처벌을 주장하는 등 서인 계열에서 활동했던 것으로

47　이상은 『국역 국조인물고』 참고.
48　『중종실록』 권21, 중종 10년 2월 18일(병오).
49　『선조실록』 권137, 선조 34년 5월 16일(계축). 당시는 염근인이라는 이름으로 선출되었다.

인조실록(규장각한국학연구원 소장)

보인다. 김장생은 율곡 이이의 대표적인 제자로, 이후 서인계를 대표하던 인물이었다. 따라서 『선조실록』의 이러한 기록은 일단 정치적 관점이 투영된 것이라고 할 수 있다.

이런 모습은 이후 인조대 청백리 선발에 대해서도 확인된다. 1636년(인조 14) 6월 김상헌金尙憲·이안눌李安訥·김덕함金德諴·김시양金時讓·성하종成夏宗 등 5명을 청백리로 선발한 바 있다.[50] 이때 선발된 김시양에 대해 『인조실록』에 수록된 사평에서는 "김시양은 본래 나타난 청렴의 조행이 없는데도 이 선발에 참여되었으므로 물의가 시원하게 여기지 않았다."라고 하였다. 김시양은 당색이 남인南人인 인물로, 해당 실록이 효종대 서인들에 의해서 편찬된 점을 본다면 이 역시 정치적 입장이 반영된 기록일 수 있다. 이와 같은 사실을 통해서 보면, 청백리 선발에 정치적 입장이 투영될 수 있다는 사실을 살필 수 있다.

이런 이유 때문인지 18세기 이후 이익李瀷 등은 청백리 선발 과정 등에 대해서 본격적으로 문제 제기를 하고 있다. 성호星湖 이익李瀷은 청백리 선발의 당위성은 인정하였다. "탐오를 금지하는 방도는 단순히

---

50 『인조실록』, 권32, 인조 14년 6월 8일(신사).

이마에 자자刺字하여 형벌로써 징계하는 것만이 아니라, 또한 염의廉義를 고무하여 권장하여 본받게 하는 데 있다."[51]라고 하며, 청백리나 염근인의 선발에 대한 필요성은 공감하였다.

그럼에도 이전 청백리 선발의 문제점에 대해서는 두 가지 측면을 지적하였다. 첫째는 청백리의 선발이 고위 관원에 한정된다는 점이고,[52] 둘째는 청백리 선발이나 자손 등용에 뇌물이 개입된다는 점이다. 고위 관원에 한정되는 문제와 관련해서, "모두가 지위가 높거나 죽은 이에게만 해당되고 지위가 낮은 관리들은 비록 얼음벽과 같은 태도와 행실이 있어도 참여하지 못한다"[53]고 하였다. 뇌물이 개입되는 지적과 관련해서도 "국조國朝 이래로 청백리에 선발된 자가 약간 명에 지나지 않는데, 조정에서 매양 그 자손을 등용하라는 명령은 있으나 오직 뇌물을 쓰며 간구干求하는 자가 간혹 벼슬에 참여되고 나머지는 모두 초야에서 굶주려 죽고 만다"[54]고 하였다.

이익은 이를 개선하기 위해 먼저 청백리는 백성에 가까운 낮은 지위의 관리로써 선발하자고 하였는데, "지위가 높은 이는 비록 청한淸寒하다 하더라도 그 거처居處·음식飮食·복식服飾·사령使令이 다 안일을 누릴 만하지만" "한미한 문족門族은 어쩌다 원[宰] 한 자리를 얻었다가도 해임된 뒤에는 분명 그 가난을 면치 못하며 자손이 유리할 것을 알

---

51 이익, 『성호사설』 권11, 인사문, 염탐.
52 이익, 『성호사설』 권7 인사문, 염리.
53 위와 같음.
54 이익, 『성호사설』 권11, 인사문, 염탐.

성호사설(실학박물관 소장)

지만 차마 탐하지 않는다"고 하였다. 바로 후자의 유형이 염리로, 이들을 선발해서 관직을 주거나 녹을 주자고 하였다. 아울러 이들에게 전답을 주어 생활을 보장해 주는 한편, 자식들을 등용하여 벼슬이 끊어지지 않게 해야 한다고 하였다.

이익이 제기한 관료들에게 사회경제적 생활을 보장해 주는 주장은 관료사회의 운영에서 대단히 중요한 문제이다. 이와 관련해서 성호가 제기했던 서애 류성룡과 관련된 일화를 소개하고자 한다.[55] 류성룡이 처음 관직에 진출하였을 때 정승의 자리에 있던 이준경李浚慶을 방문하였는데, 이때 이준경이 류성룡에게 '서울 근교에 장만한 가대家垈가 있느냐?'고 물었고, 류성룡은 없다고 대답하였다. 그러자 이준경이 "벼슬하는 사람은 반드시 그것이 있어야 편리하다"고 하였는데, 이 발언을 류성룡은 불만스럽게 생각하였다고 한다. 그런데 후일에 관직 생활을 하던 중 물러날 일이 있을 때 의지할 곳이 없어 사찰에 기거한 적이 있었는데, 이때 류성룡이 '당시 이상국(즉 이준경)의 말이 참으로 진리가 있었다.'고 했다."고 하는 일화이다. 흥미로운 것은 이준경 역시 청백리로 선발된 인물이라는 점이다. 이 일화는 물론 조정

55 이익, 『성호사설』 권15, 西厓淸白.

의 고위 관원 사이에 오고간 대화이기는 하지만, 결국 관료들의 사회경
제적 대우가 절실함을 지적한 것이라고 보인다.

이밖에 청백리 선발이 관원들에게 헛되게 명예를 구하는 방편이 된
다는 비판도 제기되었다. 무명자無名子 윤기尹愭(1741~1826)는 청백의
문제에 대해서 다음과 같이 지적한 바 있다.

> "예전에 들으니 어떤 군수가 임기가 차서 돌아오게 되었는데, 돌아오는 날에
> 저녁밥을 지을 쌀이 없어 계집종이 이웃에게서 쌀을 꾸니, 세상에서 그의 청
> 백淸白을 칭송하였다고 한다. 그러나 나는 홀로 이것이 명예를 구하고자 한 것
> 이라 생각한다."[56]

윤기는 이런 사실을 놓고 "관직에서 돌아오면서 한 푼의 돈과 한 톨
의 쌀조차 없을 수 있겠는가"라며 비판적인 시각으로 접근하였다. 아
울러 "풍족한 고장에 있으면서 재물을 불리지 못했으니 참으로 쓸모없
는 인간이라고 비웃는다"라고 야유를 보내기도 하였다. 그러면서 당시
의 민간에서 유행하는 가요를 몇 수 옮겼는데, 이 중 몇 수만을 제시하
면 다음과 같다.

가혹한 가렴주구 참으로 불쌍하니	剝膚椎髓儘堪悲
공공연히 제 몸 살찌울 바탕으로 간주하네	看作公然肥己資

---

56 尹愭, 『無名子集』 11책, 잡기 8조목.

교묘히 명색 꾸며 마구 농간 부리곤	巧粧名色恣欺幻
암암리에 선정비 세우길 종용하네	暗地囑成善政碑

감사의 고과 평정 너무나 한탄스러우니	監司考績足嘆傷
청백리와 탐관오리를 멋대로 정하네	雪嶺墨池任抑揚
여항에서 원망하는 노래에 머리가 아플 지경인데	街讜巷謠方疾首
평가는 최상이라 공황龔黃과 나란하네	評題上上等龔黃[57]

윤기의 표현에 따르면, 청렴의 표상이 되어야 할 청백리 선발이 오히려 수령들이 명예를 구하는 수단이 되며, 여기에 더해 감사의 고과 평정이 멋대로 이루어진다고 하였다.

이상과 같이 18세기 이후 청백리에 대한 비판적인 견해가 대두되었다. 그러나 여전히 청백리는 관료제 운영에서 중요한 지향점으로 인식되었다. 이는 이후에 작성된 각종 인물 전기에서 여전히 청백리에 선정되었음이 강조되고 있음에서도 알 수 있다. 청백리에 선정된다는 것은 본인에게 대단한 명예를 부여하였다. 뿐만 아니라 후손들은 선조들이 청백리로 선정되었다는 이유로 관직에 진출하는 계기가 되기도 하였다. 이와 관련해서 정약용도 청백리를 상당히 강조하고 있다. 단, 청백리의 조건은 반드시 청렴 만이 능사가 아니라고 하였다. 청백리가 되기 위해서는 청(淸), "신(愼)", "근(勤)"을 해결의 열쇠로 제시하였다. 즉 청

57　尹愭,『無名子集』시고 4책,　詩, 民間雜謠.

백리가 되기 위해서는 청렴이 우선시되겠지만, 동시에 모든 일에 삼가고 부지런함을 교훈으로 삼아야 한다고 하였다. 다산의 지적은 결국 청렴 등과 같은 자기 규율과 함께 목민관의 책무의식을 강조하는 것으로 이해된다.

4. 맺음말

이상에서 조선시대 공직윤리와 이의 실천자인 청백리에 대해서 살펴보았다. 조선시대에는 '공직'이란 용어가 사용되지 않았고, 따라서 공직윤리가 별도로 규정되지도 않았다. 그렇다고 하여 공직윤리가 없었던 것은 아니다. 조선시대 공직윤리로 강조되던 것은 인·의·청렴 등이며, 이밖에도 경敬·충忠 등을 꼽을 수 있는데, 이들은 대개 유학적 수기치인의 철학적 개념으로 말해지는 것이다.

　다만, 필자가 이들 개념을 공직윤리로 거론한 것은, 인·의 등이 철학적 개념에 그치지 않고 실제 관인官人이 갖추어야 할 윤리로 언급되기 때문이다. 이는 실제 현장에 반영되어 강조되었다. 예를 들어 '인'의 경우 형벌을 줄이고 세금을 적게 걷으며, 비용을 절약하는 등 백성의 삶과 관련해서 이야기되거나 사회적 약자들의 생계를 유지할 수 있게 해야 한다는 것으로 말해진다. '의'의 경우도 잘못된 풍속을 바로 잡을 수 있는 덕목이었던 것이다. 청렴의 경우, 대부분이 지방관의 본무 또는 민본의 근본으로 지목하였다. 최한기의 경우는 청렴을 4가지 유형으로 분류하고 있어 주목된다.

　이상과 같은 조선시대 공직윤리의 실천자로 대표적인 것이 청백리이다. 조선에서 청백리는 15세기 후반부터 본격적으로 선발되기 시작하였으나, 그 이전부터 이미 청백한 관리를 포장하는 일이 시행되기도 하였다. 이들 청백리는 단지 경제적으로 청렴결백한 것에 그치지 않는다. 청백리에게 청렴은 기본적인 삶이었고, 더하여 봉공의 자세와 함께 성실하고 겸손하며 경세가적인 면모를 가졌던 인물들이었다. 청백리에 선발되면, 본인과 후손들의 명예가 높아지는 것뿐만 아니라 후손들이 관직에 나아갈 수 있었다.

『승정원일기』(http://sjw.history.go.kr)

『조선왕조실록』(http://sillok.history.go.kr)

『農巖集』,『목민심서』,『無名子集』,『四佳集』,『성호사설』,『於于集』,『人政』,『澤堂集』,『虛白堂集』(이상 문집은 http://db.itkc.or.kr)

세종대왕기념사업회,『국역 국조인물고』

김학수,「오리 이원익; 청백명상」,『경기도 청백리의 뿌리를 찾아서』, 실학박물관, 2014.

도현철,「정도전의 문치 사회론의 성격」,『다산과 현대』7, 연세대학교 강진다산실학연구원, 2014.

도현철,『고려말 사대부의 정치사상연구』, 일조각, 1999.

이근호,「조선의 관료문화와 청백리」,『경기청백리』, 실학박물관, 2016.

이근호,『공公, 천하의 기준이 되다』, 글항아리, 2018.

이매뉴얼 월러스턴 저·나종일 외 옮김,『근대세계체제 I』, 까치, 2013.

이영춘,「조선시대 청백리 제도와 공직 윤리」,『경기도 청백리의 뿌리를 찾아서』, 실학박물관, 2014.

임성근 외,『공직윤리 국민체감도 분석 및 개선방안 연구』, 한국행정연구원, 2018

조경호,「공직윤리 강화하여 깨끗한 공직사회 구현」,『행정포커스』134, 한국행정연구원, 2018.

최화인·배수호,「공직윤리와 충忠」,『한국행정학보』49-3, 2015.

唐鏡,『德治中國-中國古代德治思想論綱』, 中國文史出版社, 2007.

『한국민족문화대백과사전』(http://encykorea.aks.ac.kr)

이종수,『행정학사전』, 2009.

제IV장

『흠흠신서』와
다산의 정의론

심재우

1. 다산의 관직 이력과 법조인 경험

법은 사람들이 반드시 지켜야할 사회규범이라 할 수 있다. 법을 적용하는 법률 업무 종사자인 판사, 검사, 변호사 등을 흔히 법조인이라 부르는데, 법조인은 누구나 선망하는 매우 유망한 직업 가운데 하나이다. 지금은 법을 연구하는 학문을 법학이라 부르며, 법을 공부하기 위해 법과대학이나 법학전문대학원에 들어가려고 하는 학생들이 무척 많다. 그만큼 법학은 인기가 있는 학문이지만 조선에서는 사정이 달랐다.

조선시대에는 지금의 법학을 율학律學이라 칭했는데, 유학의 가르침을 금과옥조로 여겨 경전과 역사책 공부를 중시했던 조선의 선비들에게 율학은 그리 매력적인 학문이 아니었다. 자연히 율학에 대한 공부는 양반 사대부보다는 격이 떨어지는 중인 이하 신분층 차지였다. 과거 시험에서도 모두들 선호하는 문과, 문과 시험과 달리 율과 시험은 잡과雜科로 분류되었다. 율과 시험에 합격하여도 높은 벼슬에 오를 수 없었으므로 율과 시험에는 대개 문벌이 다소 떨어지는 집안 자제들이 응시하였다. 조선시대의 직업관은 전문 기술을 중시하던 지금과 사뭇 달랐기 때문이다.

이처럼 문학, 사학, 철학의 이른바 문사철文史哲 이외에 법률, 외국어, 의학 등 실용학문을 천시하는 사회 분위기 속에서도 다산 정약용이 매

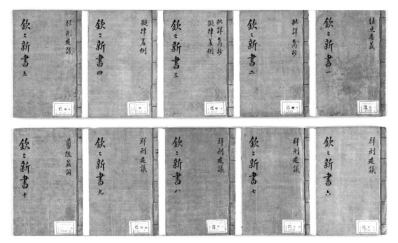

흠흠신서(국립중앙박물관 소장)

우 수준 높은 법률 지식을 가졌다는 사실이 놀랍다. 다산은 가히 독보적인 판례 연구서이자 법률서인『흠흠신서欽欽新書』를 편찬할 만큼 당대 최고의 법학자이자 법조인이었다. 뒤에서 자세히 살펴보겠지만,『흠흠신서』는 다산의 저술을 대표하는 3종의 책, 즉 1표一表(경세유표), 2서二書(목민심서, 흠흠신서) 가운데 하나로 다른 두 서적보다는 세상에 덜 알려졌다. 하지만『흠흠신서』는 중국과 조선에서 일어났던 각종 살인 사건 판례를 소개하고 사건 처리의 문제점과 바람직한 법률 적용 방법 등에 대한 날카로운 의견을 제시한 방대한 분량의 전무후무한 법률 전문서적이다. 다산은 조선에서 기본 형법전으로 사용된 중국 명나라의『대명률』을 비롯한 법률에 해박하였음은 물론 당대 법 집행의 문제점을 정확히 파악하고 개혁 방향까지 제시할 정도로 법률사상가로서의 면모를 유감없이 보여주었다.

그렇다면 다산이 보통의 사대부 관리들과 달리 법률에 관심을 갖게 된 배경은 무엇일까? 이를 이해하기 위해서는 다산의 집안, 관직 이력, 유배 경험, 학문하는 자세 등에 대해 알아볼 필요가 있다. 먼저 집안 배경이다. 다산은 1762년(영조 38) 경기도 광주군 초부면 마재에서 아버지 정재원丁載遠과 어머니 해남윤씨 사이에서 태어났다.『자산어보兹山魚譜』로 유명한 정약전丁若銓과 독실한 천주교 신자였다가 신유사옥辛酉邪獄 때 순교한 정약종丁若鍾은 그의 형이다. 이복형 정약현丁若鉉까지 포함하여 형님이 세 분, 누님이 한 분 계셨다. 다산 집안은 당시로서는 주류 집권층의 당색과 달리 남인南人이었지만 12대조부터 5대조에 이르기까지 연달아 8대 할아버지가 당시에 최고 명예로운 관직의 하나인 홍문관 관리로 근무했을 만큼 명문가였다. 이와 같은 집안 배경 속에서 다산은 어릴 적부터 서울, 경기 지역의 남인 학풍 속에서 자랐다.

근기남인은 집권 노론과는 달리 양반사회의 구조적 모순을 직시하고 주류 학문인 성리학의 교조화를 비판하였는데, 특히 민생에 기반을 두고 실용, 실천, 개혁을 강조하였다. 이처럼 다산은 남인이라는 집안 배경과 이가환李家煥과 자형 이승훈李承薰 등의 영향 속에서 근기남인 실학자를 대표하는 성호 이익李瀷의 학풍을 이어받았다. 비록 다산이 태어난 이듬해인 1763년(영조 39)에 세상을 떠나 이익에게서 직접 사숙하지는 못했지만 다산은 이익의 남긴 저술『성호사설星湖僿說』을 읽으면서 그의 정치, 경제, 사회 개혁사상을 체득할 수 있었다. 다산이 민생과 직결되는 실용적인 지식과 법률에 관심을 갖게 된 것은 그의 학문 및 사상 형성에 큰 영향을 미친 집안사람과 남인계 학자들과의 교류와

이승훈 묘소, 경기도 광주시 천진암 소재

관련이 깊다고 하겠다.

다산이 거쳐 간 관직 가운데 법조인으로서의 경험 또한 그의 사상형성에 무시할 수 없다. 다산의 생애는 수학기, 사환기, 유배기, 정리기 등 크게 4시기로 나눌 수 있다. 수학기는 다산의 유년 시절부터 문과에 합격한 28세까지의 시기로 1762년부터 1789년까지이다. 사환기는 문과에 합격한 1789년부터 그의 마지막 벼슬인 형조참의에서 사직한 1799년까지이다. 유배기는 정조가 갑자기 승하한 이듬해인 1801년 40세의 나이로 유배생활을 시작해 1818년 57세의 나이로 해배될 때까지이며, 마지막 정리기는 1818년 가까스로 해배되어 고향인 마재로 돌아와 1836년 75세의 나이로 사망할 때까지를 말한다.

다산의 사환기는 10여 년에 불과하지만 이 기간 동안 관리들의 비리를 감찰하고 법을 집행하는 중요한 관직을 역임하였는데, 암행어사 활동도 그 가운데 하나였다. 다산은 문과에 합격하여 관직생활을 시작한 지 불과 5년만에 33세의 젊은 나이로 경기도 암행어사에 임명되었다. 잘 알려진 것처럼 당시 암행어사는 각 지방에 파견되어 원님들의 비리를 적발하고, 고을의 폐단과 민생의 현황을 챙기는 임무를 맡았다. 민생을 몸소 챙기기를 좋아한 정조 임금은 조선의 다른 어떤 국왕보다도 8도에 암행어사를 자주 파견하였다. 국왕 정조의 특별한 총애 속에서 1794년에 심한 흉년으로 고단한 삶을 이어가고 있던 경기도 북부의 연천, 적성, 마전, 삭녕 등 네 개 지역에 대한 염탐 임무가 다산에게 주어졌다. 다산이 이들 지역에 파견되어 활동한 기간은 매우 짧았다. 하지만 백성의 비참한 삶을 책이 아닌 현실에서 직접 관찰하고 지방관의 비위와 행정의 문제점을 피부로 느낄 수 있는 소중한 시간이었다. 다산은 활동 후 비리와 탐학이 심한 수령의 징계를 건의하면서 법과 원칙의 중요성을 새삼 깨닫게 되었다.

1797년 다산이 황해도 곡산부사로 부임하여 약 2년 동안 고을을 다스리게 된 것도 중요하다. 조선시대 수령, 즉 지방관은 지금과 달리 행정권뿐만 아니라 사법권도 쥐고 있었다. 고을의 민원이나 소송을 처리하는 일과 함께 살인 등 관내에서 발생한 형사사건의 수사, 재판 업무가 수령의 주요 일과 가운데 하나였다. 다산은 약 2년 동안 곡산부사로 있으면서 관내 살인 사건을 여럿 처리하면서 법조인으로서의 실무를 터득할 수 있었다.

곡산부사 경력과 함께 또 하나 빼놓을 수 없는 것이 형조참의 경험인데, 이는 다산의 마지막 벼슬이 되었다. 정조는 다산이 곡산부사 시절 황해도에서 일어난 여러 의심스러운 옥사를 잘 처리하는 것을 보고 전국의 미제사건을 처리할 수 있도록 1799년에 다산을 형조참의로 발탁하였다. 형조참의는 지금으로 치면 법무부 차관에 해당하는 벼슬로, 조선의 법률과 사법 행정 전반을 책임지는 핵심 보직이었다. 비록 짧은 기간이었지만 형조참의로 있으면서 전국의 고을에서 일어난 사건의 수사기록을 열람하고 분석하면서 법률 행정 분야의 안목과 식견을 더욱 넓힐 수 있었다. 이상 집안 배경과 관직 이력에 덧붙여 유배지에서의 생생한 경험까지 더해지면서 다산은 당대 누구도 필적할 수 없는 최고 법률 전문가로서 우뚝 설수 있었다.

2. 민완 수사관 다산, 미제 사건을 해결하다

앞서 다산이 맡은 주요 관직 이력을 간단히 살펴보았는데, 그는 특히 곡산부사와 형조참의로 근무하면서 여러 미제 살인사건을 명쾌하게 해결한 것으로 유명하다. 황해도 곡산부사로 근무하면서 관내에서 일어난 여러 민·형사 사건을 잘 처리했을 뿐만 아니라 이웃 고을에서 발생한 강력 사건의 의심스러운 부분을 짚어내어 적절한 결론으로 이끌기도 하였다. 1798년 여름에 큰 가뭄이 들자 정조 임금은 각 지역의 미제 옥사를 신속히 처리하라고 지시하면서 다산에게 황해도 지역 미해결 옥사의 재조사를 맡겼다. 황해도 수안군에서 발생한 김일택 옥사가 그 중 하나였다.

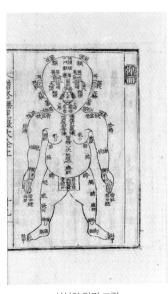

시신의 앞면 그림.
국립중앙도서관 『증수무원록대전』 수록

이 사건은 수안군에 사는 김일택과 박태관이란 자가 시장에서 술을 마시고 집으로 돌아오는 길에 친구 이춘연을 만나 서로 장난치다가 발생하였다. 장난이 점차 격렬한 싸움으로 비화하면서 결국 이춘연이란 자가 얻어맞아 죽게 되었다. 그런데 문제는 이춘연을 죽게 한 자가 김일택과 박태관 중 누구인지 증거가 명확하지 않았다. 김일택과 박태관 모두 서로에게 폭행의 책임을 미뤘고 목격자도 나타나지 않아 사건은 오랫동안 미궁에 빠졌다. 다산이 이 시간을 재조사하기 전까지는 김일택이 사건의 주범, 박태관이 사건의 종범으로 지목되어 종범 박태관은 아홉 달 만에 감옥에서 풀려나고, 주범 김일택은 자백을 하지 않아 6년 동안이나 감옥에 갇혀 온갖 고초를 겪고 있는 상황이었다. 이춘연을 폭행한 주범으로 김일택이 지목된 이유는 종범 박태관의 옷은 깨끗한 데 반해 김일택의 옷은 싸움의 흔적이 남아 찢어져 있었다는 점 때문이었다. 또 피해자 이춘연이 죽기 전에 그를 치료하기 위해 개를 산 자가 김일택이라는 점, 피해자 이춘연이 죽자 그의 가족들이 이춘연 시신을 김일택의 집에 옮겨 놓은 점 등도 김일택을 이춘연 폭행의 주범으로 의심하기 충분하였다

하지만 다산의 생각은 달랐다. 다산은 사건을 원점에서 다시 훑어 박태관이 이춘연 폭행에 가담하지 않았다는 증거가 불충분한 만큼 김일택에게만 일방적으로 이춘연 살인의 책임을 지우는 것은 부당하다고 보았다. 다산은 그렇게 보는 근거를 제시하였는데, 당시 백성들 사이에서는 화가 났을 때 옷을 벗고 싸우는 경우가 많으므로 박태관의 옷이 깨끗하다고 해서 이춘연을 폭행하지 않았다고 단정할 수 없다고 보았다. 또한 개를 산 사람이 김일택이지만 개를 잡은 것은 박태관이므로 박태관 또한 피해자 이춘연을 구호하려고 애쓴 사실을 알아냈다. 이 점 또한 박태관도 이춘연 폭행의 공범임을 짐작케 하는 대목이라는 것이다. 이밖에도 피해자 이춘연 가족이 시신을 김일택 집에 옮겨놓은 것은 박태관의 집보다 더 가깝기 때문이지 이춘연의 가족이 김일택을 주범으로 단정한 때문은 아니라고 주장하였다. 이상 관련 증거 수집과 치밀한 추론을 바탕으로 다산은 기존에 이루어진 수사를 논리적으로 비판하며 김일택이 이춘연 폭행 주범이 아닐 가능성을 제시하였다. 결국 죄가 의심스러운 대목이 있을 때는 가볍게 처벌한다는 '죄의유경罪疑惟輕'의 원칙에 의거하여 김일택을 주범으로 단정하여 처벌할 수는 없다는 의견을 정조에게 올렸고, 다산의 치밀한 재조사 덕분에 김일택은 마침내 사형을 면하고 유배형으로 감형될 수 있었다.

다산은 수안군 김일택 옥사 외에 송화현 강문행 옥사도 정밀하게 조사하였는데, 이 옥사 또한 두 사람이 피해자를 폭행해 죽게 한 상황에서 주범과 종범의 구별이 모호한 사건이었다. 당시 조선에서는 두 사람 이상이 살인에 가담하여 한 사람을 죽게 한 경우에 가장 책임이 큰 한 명만 사형에 처하고, 나머지 가해자는 감형을 해주는 것이 일반적인 관행이었다. 따라서 주범으로 지목되는가 아닌가는 죽느냐 사느냐의 문제와 직결되는 매우 중요한 사안이었으나 사건의 수사를 맡은 수령이 종종 주범과 종범을 잘못 지목하는 일들이 발생하였다. 다산은 이처럼 두 사람 이상이 범행에 연루된 사건에서 행여 한 명만 부당하게 죄를 뒤집어쓰는 일이 없어야 한다고 생각하여 매우 신중하게 사건을 해결하고자 하였다.

곡산부사에서 교체되어 형조참의로 임명된 직후부터 다산은 옥사를 심리하면서 사건의 애매하고 의심스러운 부분을 잘 파헤쳐 전후 사정을 종합적으로 밝혀내곤 해 국왕 정조로부터 칭찬을 들은 것으로 유명하다. 그 중 하나가 황해도 황주에서 발생한 신착실 옥사이다. 가해자 신착실은 엿을 팔며 살아가는 백성이었는데, 외상값을 주지 않는다는 이유로 시비가 붙어 이웃에 사는 피해자 박형대를 죽게 한 사건이었다. 내용은 이렇다. 신착실이 연말에 외상값을 독촉하기 위해서 박형대의 집에 찾아가 몸싸움을 하였다. 이 과정에서 신착실이 박형대의 몸을 밀었는데 피해자 박형대가 넘어지면서 뒤에 세워둔 지게작대기의 끝이 공교롭게도 항문을 관통해 피해자 박형대는 다음날 즉사하고 만다. 도내의 여러 수령들은 신착실을 살인죄로 처벌해야 한다고 주장한 반면, 다산은 고의가 아닌 과실이라는 점을 들어 신착실의 정상을 참작하여 처벌해야 한다고 생각하였다. 마침내 정조는 다산의 주장을 받아들여 가해자 신착실에게 유배형을 내린다. 자칫 살인죄로 처형될 뻔한 신착실은 다산의 신중한 재조사로 목숨을 건질 수 있게 된 것이다.

형조참의 시절에 처리한 경기도 양주 함봉련 옥사는 민완 수사관으로서의 다산의 기량이 다시 한번 유감없이 발휘된 사건이었다. 살인사건의 가해자로 지목된 함봉련은 경기도 양주 의정리의 백성으로 인근에 사는 김태명 집안의 머슴이었다. 사건은 환곡 징수 문제에서 비롯되었다. 환곡을 빌려준 북한산성의 군영에서 파견된 창고지기 서필흥이란 자가 미납 환곡을 독촉하기 위하여 김태명의 집에 왔다가 집주인이 보이지 않자 받아갈 곡식 대신에 집 안에 있는 송아지를 끌고 나왔다. 마침 집에 돌아오다가 이 광경을 목격한 김태명이 자기 집 송아지를 끌고 가는 서필흥에게 앙심을 품고 그에게 폭력을 행사하면서 비극이 시작되었다. 사전 조사 기록에 따르면 싸움이 격화되자 김태명은 서필흥을 때려눕힌 다음 배 위에 앉아 무릎으로 서필흥의 가슴을 가격하였고, 마침 땔나무를 지고 돌아오는 머슴 함봉련을 보자 서필흥을 송아지 도적으로 지목하고 손봐달라고 지시한다. 이에 함봉련은 땔나무를 진 채서서 서필흥의 등을 밀어 넘어뜨렸고 서필흥은 이후 그대로 집으로 돌아갔다가 집에서 갑자기 피를 토하며 죽고 말았다. 서필흥은 죽기 전에 자신을 죽이려 한 자는 김태명이니 그에게 복수해달라는 말을 남겼고, 결국 서필흥의 아내가 한성부 북부로 달려가 김태명을 고발하였다.

애초 서필흥을 죽게 한 가해자는 피해자가 죽기 전에 남긴 말, 김태명이 무릎으로 피해자의 가슴에 치명적인 공격을 가한 사실들을 종합할 때 김태명이 분명했다. 하지만 김태명은 고을의 영향력 있는 토호인 반면 함봉련은 머슴에 불과하여 사건은 엉뚱하게 함봉련이 김태명의 죄를 뒤집어쓰는 처지가 되었다. 사건 수사 과정에서 김태명이 자신의

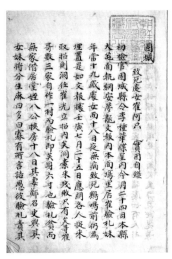

경상도 고성군 살인사건 보고서
(국립중앙도서관 『검안초(檢案抄)』 수록)

잘못을 인정하지 않았고, 이웃들도 김태명을 비호하고 미천한 신분의 머슴 함봉련에게 죄를 돌렸다. 이렇게 해서 김태명은 법망을 빠져나갔고, 함봉련은 사건의 주범으로 몰려 죽게 될 처지에 놓였던 것이다. 하지만 다산은 이 사건 문안을 꼼꼼하게 분석하고는 함봉련의 무죄를 확신하였다. 그는 가해자와 이웃사람들의 거짓 진술로 사건의 진실이 왜곡된 사실을 바로잡았고, 검시를 맡은 관리들이 김태명에 의해 피해자가 치명상을 입은 사실을 제대로 밝혀내지 못한 문제점도 밝혀냈다. 이렇게 해서 다산은 오랜 기간 옥에 수감되어 죽게 될 날만 기다리던 함봉련의 억울한 누명을 속 시원히 해결해주었다. 신중하고도 치밀하게 옥사를 조사하여 한 사람의 원통한 사정도 만들어서는 안 된다는 다산의 신념과 열정이 빛을 발하는 순간이었다.

3. 『흠흠신서』는 어떤 책인가?

문과에 합격한 후 정조의 지원 속에서 이루어진 다산의 관직생활은 불행히도 오래가지 못했다. 잘 알려진 것처럼 다산은 정조가 승하한 직후 일어난 신유사옥으로 인해 집안이 풍비박산 나고 자신은 거우 목숨을 부지한 채 전라도의 바닷가 작은 고을 강진에서 기약 없는 유배생활을 해야 했다. 그러나 그는 기나긴 유배의 시련에도 결코 좌절하지 않고 학문 성취의 빛나는 계기로 승화시켰다. 그가 유배생활을 하던 18년 동안 그 누구도 상상할 수 없는 다양한 분야의 방대한 저술을 완성한 것이 이를 증명한다. 그 가운데는 앞서 언급한 다산의 법률 관련 기념비적 저술인 『흠흠신서』가 있었다. 이 책은 다산의 대표 저서 『경세유표』, 『목민심서』에 비해 덜 알려지긴 했지만 다산의 법률가로서의 탁월한 안목을 잘 보여주는 책이다.

『흠흠신서』는 중국과 조선에서 발생한 여러 살인 사건을 유형별로 분류하여 사건 처리의 문제점, 어려운 법률 용어에 대한 해설, 자신의 의견 등을 덧붙인 법률서이다. 다산이 우리나라 최초의 판례연구서라 할 수 있는 이 책을 쓴 이유는 고을 수령 등 사건 처리를 맡은 관리들의 무거운 책임을 강조하기 위한 것이다. 조선시대 각 고을에서 발생하는 살인 사건에 대한 수사는 일차적으로 해당 고을 수령이 맡았다. 고을 수령이 시신을 검시하고 사건을 수사하여 감영의 관찰사에게 알리면, 관찰사는 수령을 지휘하여 사건을 마무리한 후 조정에 보고하여 국왕의 최종 판결을 기다리는 것이 원칙이었다. 살인 사건의 경우 범인으로 지목되면 사형에 처해질 수도 있는 중대한 사안이므로 고을 수령의 사건 수사가 그만큼 중요하였다. 하지만 당시 사대부들이 과거 시험에 관련된 공부에만 힘쓸 뿐 법전이나 법의학 서적과 같은 법률 공부를 등한시한 채 관직 생활을 하다가 갑자기 수령으로 파견되어 소송이나 재판

다산이 바위에 새긴 글씨 '정석(丁石)'. 강진 다산초당 소재

에서 많은 문제를 야기하고 있는 것이 현실이었다. 다산은 법률 지식이 부족한 관리들이 옥사 처리의 지침서로 읽기를 기대하고 『흠흠신서』를 쓴 것이다.

『흠흠신서』는 다산이 유배지에서 풀려난 이듬해인 1819년(순조 19) 여름에 완성되었고, 서문 작성은 이보다도 3년 늦은 1822년(순조 22) 봄에 이루어졌다. 하지만 집필에 오랜 시간이 걸렸고 내용의 대부분은 다산의 강진 유배시절에 구상, 집필되었다. 다산은 당초 책 제목을 '명청록明淸錄'으로 정했으나, 형벌을 신중히 하라는 『서경』 구절을 참고하여 '흠흠신서'로 고쳤다. 다산의 『흠흠신서』는 크게 다섯 부분으로 구성되어 있는데, 〈경사요의〉 3권, 〈비상전초〉 5권, 〈의율차례〉 4권, 〈상형추의〉 15권, 〈전발무사〉 3권 등 총 5편 30권이다. 법률 서적이다 보니 각 편의 제목부터 이해하기 어려운데 아래에서는 다산이 편별로 어떤 내

남양주 정약용 생가 다산 동상

용을 수록했는지 살펴보기로 한다.

먼저 〈경사요의經史要義〉편은 유교 경전과 역사책에서 뽑은 유교적 재판 규범과 원칙을 제시한 부분이다. 유학자들은 기본적으로 법 집행의 기본 원리와 이념을 유교 경전에서 구하는데, 국가 통치수단의 근본을 덕치德治와 인정人政에 두고 예禮에 의해 다스려지는 사회가 가장 이상적이라고 보았기 때문이다. 따라서 옥사를 처리할 때에도 법전과 함께 경전과 역사책의 가르침에도 주목해야 한다고 생각하였다. 다산은 본 편에서 재판 원칙, 법관의 자세, 법 적용의 사례 등을 『서경書經』, 『주례周禮』 등 경전에서 뽑았고, 중국과 우리나라 역사책에서 참고할 만한 사례들을 소개하여 유교 법사상의 핵심을 알 수 있게 하였다.

〈비상전초批詳雋抄〉편은 중국 관리들이 살인 사건과 관련하여 주고받았던 문서 가운데 잘된 것 70건을 선별하여 자신의 해설과 비평을 가한 부분이다. 조선의 살인 사건 수사 및 시신 검시 절차, 관련 보고서 양식 등은 중국과 크게 다르지 않았기 때문에 중국 관리들의 여러 모범이 되는 문서를 소개함으로써 조선 관리들이 참고할 수 있게 한 것이

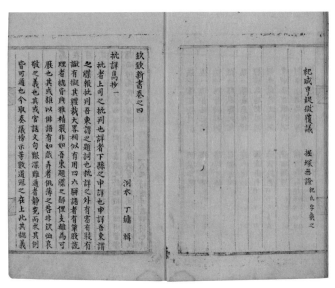

흠흠신서 〈비상전초〉 부분(한국학중앙연구원 장서각 소장)

다. 본 편에서는 특히 명말 청초 학자 이어李漁의 『자치신서資治新書』에 나오는 사건 판례들을 많이 발췌, 수록하였을 뿐만 아니라 명말 여상두余象斗가 쓴 일종의 범죄소설인 『염명공안廉明公案』 속 이야기도 일부 실었다. 살인 사건의 전후 사정, 처리 과정 등에 관한 흥미로운 이야기가 많다.

〈의율차례擬律差例〉편 또한 중국 이야기이다. 본 편에서 다산은 실제로 살인 사건이 발생했을 때 어떻게 조치하며 법을 적용했는지에 대한 사례를 보여주기 위해서 청나라 관리들의 보고서 188건을 선별하여 수록하였다. 이 시기 형률에 따르면 같은 살인 사건이라고 하더라도 살인의 고의가 있었는지, 공모했는지 여부에 따라 모살謀殺, 고살故殺, 투

구살鬪毆殺, 희살戱殺, 오살誤殺, 과실살過失殺 등으로 나뉘어 형량에 차이가 있었다. 심지어 사형에도 등급이 있어서 사형에 처해질 죄인이라 하더라도 판결이 교수형, 참수형, 능지처사형인가에 따라 집행 방식이 달랐다. 다산은 조선의 관리들이 정확하게 사건을 수사하여 지은 죄에 상응하는 벌을 내릴 수 있도록 청나라 관리들의 경험담을 폭넓게 제시하였다.

다음으로 『흠흠신서』에서 가장 분량이 많은 〈상형추의祥刑追議〉편은 정조 시대에 일어난 사건 기록을 담고 있다. 다산은 정조 임금 때 조정에서 근무하며 살인 사건 재판기록을 모아놓은 『상형고祥刑考』라는 책을 열람한 적이 있었으며, 이후 형조참의가 되어서는 전국에서 올라오는 사건들을 직접 검토할 기회도 가졌었다. 이런 경험을 바탕으로 다산은 정조대의 살인 사건 가운데 144건을 뽑아서 22개의 유형으로 분류하여 사건의 검시 관련 보고, 관찰사의 지시, 형조의 보고, 정조의 판결을 싣고 다산 자신의 사건 관련 비평이나 의견을 덧붙인 것이 〈상형추의〉편이다.

마지막 〈전발무사剪跋蕪詞〉편에는 옥사와 관련하여 다산 자신이 직접 작성한 글을 실었다. 본 편에는 인명 사건과 관련하여 다산이 작성한 옥안 16건이 실려 있는데, 황해도 곡산부사와 형조참의로 있을 때 처리한 보고서, 그리고 전라도 강진에서 유배생활을 할 때 강진현감을 대신해서 작성해 준 글, 또 여러 지역에서 발생한 사건 소식을 듣고 자신이 사건 담당 수령이나 관찰사가 되었다고 가정해보고 작성한 문서 등이다. 중국이나 조선의 관리들이 쓴 옥안과 달리 본 편의 글은 모두 다산 자신이 직접 작성한 인명 사건 관련 문서라는 점에서 특히 귀중한 가치가 있다. 더욱이 법률 전문가로서의 그의 탁월한 능력을 잘 보여준다는 점에서 모범 답안과 같은 사건 처리 문서라 할 수 있다.

이상 다산은 『흠흠신서』 속에 다양한 법률 문서의 양식, 법추론의 실례, 사건 처리 과정과 재판 절차 등을 실제 사건 기록을 바탕으로 광범위하게 소개하였다. 다산은 책에서 사건 관련 공문서를 단순히 나열하는 데 그치지 않고, 어려운 용어나 제도에 대한 해설, 법 적용의 잘잘못에 대한 견해, 판결 결과에 관한 자신의 비평을 덧붙였다. 앞서 언급했듯이 법에 무지한 관리들이 고을 수령이 되었을 때 법률 집행의 참고자료로 이 책이 활용될 수 있도록 의도한 것이다. 한 가지 아쉬운 점은 다산의 『흠흠신서』는 당시 일어났던 다양한 형사 사건 중에서 살인, 자살 등 인명 사건만을 다루고 있다는 사실이다. 그럼에도 불구하고 『흠흠신서』가 단순한 사건 모음집 수준을 넘어 동 시기 동아시아 지역에서 그 유례를 찾기 힘든 본격적인 판례연구서이자 재판 실무 지침서로서의 위상을 지니는 저술이란 점은 그 누구도 부정할 수 없다.

4. 범죄를 통해 본 중국의 법과 사회

『흠흠신서』에는 조선의 사례 외에도 중국에서 발생한 여러 가지 다양한 살인 사건이 실려 있는데, 이들 사건을 통해 중국사회의 법률문화와 사회상의 일단을 엿볼 수 있다. 다산은 기본적으로 중국은 조선에 비해

대명률(국립중앙박물관 소장)

훨씬 흉포한 범죄가 자주 발생한다고 진단한다. 즉 그는 간음, 혹은 존속살인 등과 같이 강상과 윤리를 무너뜨리는 중대 범죄가 우리나라보다 10배나 많다고 평하면서, 중국에서는 오직 법률만을 숭상하기 때문이라고 비판하였다. 반면, 조선 사람들은 성격이 온순하고 풍속이 아름답기 때문에 기껏해야 폭행 사건이 일어날 뿐이라며, 중국처럼 법률에만 기대어 엄하게 단속하는 것보다 예의염치를 가르쳐 백성들을 잘 교화敎化시키는 것이 더 중요하다고 지적한다.

간음, 존속살인 외에도 다산이 중국에서 빈번히 발생한 흉악범죄의 하나로 꼽은 것이 이른바 '도뢰圖賴' 사건이다. 도뢰는 남에게 죄를 뒤집어씌우려고 허위로 고소, 고발하는 무고행위를 말하는데, 살인 사건의 상당수가 이 도뢰와 관련이 있다고 주장한다. 도뢰의 유형은 여러 가지가 있는데, 살인을 저지른 범인이 이를 은폐하기 위해 다른 사람을 살인범으로 무고하는 경우가 그 한 유형이다. 이는 타인의 목숨을 빼앗는 끔찍한 범행을 저지른 데에서 더 나아가 살인의 책임을 엉뚱한 사람에게 전가시킨다는 점에서 어찌보면 살인보다 극악한 범죄라 할 수 있다.

청대에는 실제로 부인이 남편을 살해하고 남에게 죄를 덮어씌운 일이 있었다. 어느 고을에서 여인이 조카와 간통을 했는데, 남편이 이를 목격하자 여인이 조카와 공모하여 자신의 남편을 독살한 사건이 한 예이다. 이후 여인은 죽은 자신의 남편에게 생전에 폭행을 가한 인물을 남편 살해의 범인으로 지목하여 관에 무고하였다가 사건의 전모가 뒤늦게 밝혀지게 되었다. 반대로 남편이 부인을 죽이고 무고한 사건도 있었다. 서성룡이란 자가 결혼 전의 행실에 불만을 품고 아내를 살해한 일이 있었다. 그는 살인 혐의를 벗어나기 위해 자신의 집에서 다툰 적이 있던 이웃 장광전이란 자에게 죄를 뒤집어씌우기로 결심하고는 집 담장에 아내의 시체를 매달아두었다. 장광전이 서성룡과 다툰 후 서성룡의 부인을 살해한 것처럼 정황을 꾸며내기 위한 것이었다. 서성룡 입장에서는 자신의 무고가 성공하면 본인은 부인 살인죄에서 벗어나고 평소 원한이 있던 장관전을 나락에 떨어뜨릴 수 있는 일거양득인 셈이었다.

또 다른 도뢰 유형으로 시체를 사거나 훔쳐서 거래하는 일도 있었다. 북위의 강주 지방에서 자신이 부담해야 할 신역身役을 지지 않으려고 어떤 젊은이가 도망친 일이 있었다. 그러자 젊은이의 형이 동생 도망의 책임을 면하기 위하여 동생이 죽은 것처럼 위장하기로 결심한다. 그러

청대 살인 장면을 묘사한 그림. 청말 『점석재화보點石齋畵報』 수록

고는 동생을 닮은 시체를 구해 와서 동생이 살해당했다고 소문을 내고 살인범으로 엉뚱한 인물들을 지목하여 관에 무고하였다. 이와 비슷한 사례로 평소 자신과 사이가 좋지 않은 사람에게 앙심을 품고 조카의 무덤에서 시체를 가져와 그에게 조카 살인의 누명을 씌운 황당한 사건도 있었다. 이들 사건은 시체를 구해서 타인에게 살인 누명을 씌우는 행위라는 점에서 다른 도뢰사건과 비교하여 범인의 죄질이 아주 불량하다고 할 수 있다.

마지막으로 스스로 목숨을 끊어 자살함으로써 남에게 살인 혐의를 씌우는 또다른 형태의 도뢰도 있었다. 이러한 사례로는 빚 문제로 자살한 섭명유 사건이 있다. 섭명유라는 자는 군영에 큰 빚을 지고 있었는데, 군영 병사들의 빚 독촉과 매질에도 이를 갚을 능력이 안된다고 판단하고 담용광이란 자의 집 뒤에서 목을 매 자살하였다. 이는 자신은 빚 문제로 자살한 것이 아니고 담용광에게 살해 당한 것으로 가장하기 위한 것이다. 다산은 중국에서 자살을 감행하고는 엉뚱한 사람을 살인자로 몰아가는 섭명유 사건과 같은 일이 발생하는 이유는 자살 원인을 제공한 사람이 유족에게 금전으로 보상해야 한다는 법 규정이 있기 때문이라고 비판한다. 즉 『대명률』에는 가해자가 피해자를 능멸, 핍박하여 피해자가 두려움을 느껴 자살한 경우 자살을 유발한 가해자는 형벌을 받음은 물론 유족에게 피해자 장례비 명목으로 10냥을 주도록 하는 규정이 있었다. 이런 규정 때문에 금전적 배상을 바라고 가족의 시체를 이용하여 남을 무고하는 일이 자주 발생한다고 생각한 다산은 조선에서는 위에서 언급한 중국의 장례비 징수 규정을 절대 본받지 말아야 한다고 당부하였다.

『흠흠신서』에는 청대 발생한 살인 사건 가운데 배우자 살인, 즉 부부간에 발생한 살인사건도 적지 않게 실려 있다. 이는 여러 사건들 가운데 다산이 특별히 이들 사건에 주목했기 때문이기도 하지만, 청대에 실제로 이런 부부 살인 사건이 드문 경우는 아니었던 것으로 보인다. 사실 조선에서도 『심리록審理錄』을 보면 정조 재위 연간인 1776년부터 1800년까지 발생한 인명 사건 1,004건 가운데 부부간에 일어난 살인 사건이 70건에 달하는 것으로 집계된다. 속담에 '부부 싸움은 칼로 물 베기'라고 하지만 부부간 갈등이 살인이라는 파국적 종말을 가져오는 경우가 우리나라와 중국에서 종종 있었던 셈이다.

『흠흠신서』에 실린 배우자 살인 사건 중에는 바람을 피우던 남편이 자신의 간통 사실을 숨기기 위해 아내를 죽인 사례가 있다. 복건 지방에 사는 구득성이란 자는 내연녀와 공모를 하여 본처를 살해하기로 계획했다. 범행이 탄로 나는 것을 막기 위해 그는 아내를 유인해 내연녀의 옷을 입힌 후 연못에 빠뜨려 죽이고 마치 내연녀가 자살한 것처럼 꾸몄다. 다행히도 나중에 구득성의 아내 살인 정황이 드러남으로써 완전 범죄를 꿈꾼 그의 잔혹한 범행은 법의 심판을 받게 되었다. 이와 함께 아내의 불륜 행위를 참지 못해 아내를 살해한 경우도 직례 지방에서 있었다. 오랫동안 집을 비우고 객지를 떠돌던 남편이 집에 돌아와서 부인이 사생아를 낳는 모습을 목격한다. 부인의 간통 사실을 확인하고 분을 참지 못한 남편이 현장에서 아내를 구타하여 살해한 사건이었다.

이처럼 배우자 살인이라고는 하지만 대개는 남편의 부인 살해가 많았다. 하지만 그 반대로 아내의 남편 살해 사건도 간혹 있었는데, 아내가 자신의 정부情夫와 공모하여 남편을 죽인 경우들이다. 그런데 당시 남편의 아내 살해에 비해 아내의 남편 살해는 훨씬 무겁게 처벌하였다. 대개 남편을 살해한 아내는 사지를 절단하여 죽이는 능치처사형으로, 정부는 참수형으로 다스렸다. 청대에 발생한 여러 배우자 살인 사건을 보면 간통, 매춘, 근친상간 등 성 문제가 갈등의 주요 원인이었던 것으로 확인된다. 요즘 간통이나 치정, 남녀간 불륜에 얽힌 범죄들이 TV 뉴스나 신문 기사에 범람하고 있어 눈살을 찌푸리게 하고 있지만 이는 비단 지금만의 문제는 아니었다. 『흠흠신서』에 실린 중국 여러 지역 사건들 속에서 우리는 중국인들의 당대 법률문화와 사회상을 부분적으로 엿볼 수 있으며 이에 대한 다산의 생각도 확인할 수 있다.

5. 정조시대의 사건과 사람들

『흠흠신서』에서 가장 많은 분량을 차지하고 있는 부분은 조선 정조시대의 사건을 수록한 〈상형추의〉편이다. 다산은 자신이 관직생활을 하며 보고 들은 당대 사건들 가운데 144건을 뽑아서 사건의 유형별로 분류, 수록하였는데, 그 중에는 먼저 살인사건에서 주범과 종범의 구별이 애매한 사건이 있다. 앞서도 언급했듯이 두 사람 이상이 공동으로 폭행해서 한 사람을 죽게 한 경우, 즉 죽은 피해자가 한 명인 경우 가해자 여러 명 중에 한 명만 사형에 처했다. 따라서 주범으로 지목되느냐, 종범이 되느냐에 따라 가해자들의 생사가 판가름 나기 때문에 사건을 맡은 수령들이 더욱 신중하게 처리할 필요가 있었다. 다산은 이런 유형의 사건을 소개하면서 수령의 잘잘못을 지적하고 바람직한 사건 처리와 관련한 자신의 견해를 제시하였다.

　다산이 분류하여 실은 것들 중에는 자살한 것인지 남에게 살해당한 것인지 애매한 사건, 남에게 맞아 죽은 것인지 병사한 것인지 판별해야 할 사건, 범행의 고의가 있었는지 과실인지 파악하기 어려운 사건, 정신이상자가 저지른 살인, 살인죄를 남에게 덮어씌운 무고 사건, 복수를 목적으로 사람을 죽인 사건도 있다. 이밖에 종과 주인 사이의 살인, 부부간에 발생한 살인, 매우 드문 기이한 사망 사건 등도 확인할 수 있는

『기산풍속도』 학춤추기
(김준근 그림, 프랑스 국립기메동양박물관 소장)

데, 다산은 이런 식으로 당시 발생한 사건 가운데 주목해야 할 범죄, 수사과정에서 잘못이 발견되어 재검토가 필요하다고 판단되는 옥안을 선별한 뒤 사건 관련자들의 행위, 수령 등 관리들의 수사 과정에서의 실수나 잘못, 수사보고서와 검안 문안의 오류, 정조의 판결 이유 등을 적었다. 이를 통해 당시 발생한 주요 사건들의 내용뿐만 아니라 해당 사건 처리의 문제점까지도 파악할 수 있도록 한 것이다.

수록된 사건들 중에는 조선의 감옥이 각종 비리의 온상이었음을 확인시켜 주는 황해도 해주의 박해득 사망 사건이 흥미롭다. 이 살인 사건은 1783년^(정조 7) 황해도 감영 소재지인 해주 감옥에서 발생한 것이라 더욱 특별한데, 내용은 이렇다. 피해자인 박해득은 해주감옥에 새로 입소한 신참죄수였다. 해주 감옥에서는 옥졸獄卒 최악재가 신참죄수들이 들어오면 늘 돈을 뜯으며 고질적인 토색질을 일삼았는데, 박해득이 입소하자 최악재는 평소 해오던 대로 박해득에게 돈을 요구하며 협박하였다. 박해득이 최악재의 요구를 거절하자, 그는 박해득보다 한 해

전에 살인사건에 연루되어 감옥에 있던 고참죄수 이종봉에게 박해득을 손봐주라고 지시한다. 그러자 이종봉은 박해득을 담장 아래에 서게 한 후 목에 씌운 칼의 끝을 두 발등에 올려놓고 새끼줄로 칼과 발을 묶어버렸다. 몸을 펴지도 구부리지도 못한 채 옴짝달싹 못한 상태에서 결국 박해득은 썩은 나무 넘어지듯 담벼락에 부딪치는 바람에 목뼈가 부러져 죽고 말았다.

이 사건은 감옥에서 은밀하게 벌어지는 고질적인 토색질과 신고식 문제를 만천하에 폭로하는 계기가 되었다. 다산은 『목민심서』에서도 감옥생활의 고통을 언급한 바 있다. 그는 감옥을 이승의 지옥이라 단언한다. 형틀의 고통, 토색질 당하는 고통, 질병의 고통, 춥고 배고픈 고통, 오래 갇혀 있는 고통을 옥살이의 다섯 가지 괴로움이라 말하고는 많은 고을의 감옥 안에서 벌어지는 신고식 장면을 소개하였다. 당시 옥졸들은 스스로를 신장神將이라 부르며 뽐냈으며, 고참 죄수들은 마왕魔王이라 불리며 부하 죄수들을 수하에 거느리며 신참죄수를 괴롭히기 일쑤였다고 한다.

매번 새로운 죄수들이 들어오면 학춤, 원숭이걸이, 알짜기, 골때리기 등 이름도 생소한 혹독한 고문을 자행했는데, 모두 옥졸이나 고참죄수들이 신참의 돈을 뜯어내기 위한 것이었다. 또한 신참죄수는 옥에 들어가면서 여러 관문을 통과해야 했는데, 고참은 신참이 옥문을 들어서자마자 이른바 유문례踰門禮를 행하고 돈을 뜯었으며, 일단 감방에 들어서면 먼저 들어온 죄수들과 지면례知面禮라는 상견례를 시켰다. 그러고는 신참죄수의 목에 칼을 씌워 제대로 움직이지 못하도록 괴롭히다

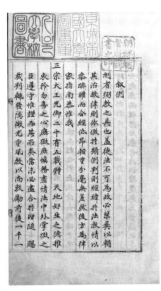

심리록(규장각한국학연구원 소장)

가 칼을 벗겨주면서 환골례幻骨禮를 거치도록 했으며, 며칠 뒤에는 정식으로 면신례免新禮를 행했다. 이와 같이 당시 감옥에서 만연했던 갖가지 고문과 괴롭히기가 사망으로 이어진 것이 바로 해주 감옥의 박해득 치사사건이었다.

현대 범죄학자들에 따르면 살인은 가까운 사람들 사이에서 발생하는 경우가 많다고 한다. 좀 더 연구를 해봐야 하겠지만 이는 과거에도 별반 다르지 않았던 듯하다. 조선에서도 중국에서와 마찬가지로 전체 살인 사건 가운데 부부간에 발생한 사건이 종종 확인되는 데, 다산은 『흠흠신서』에 정조 시대에 발생한 남편의 부인 살해 사건 12건을 실어놓았다. 배우자 살인 사건의 원인은 다양하지만 무엇보다 가정불화가 주원인이었던 것으로 보인다. 부부간의 불화와 말다툼이 폭행으로 이어져 살인이라는 비극을 초래한 사례가 많았던 것이다. 그런데 중국 청나라에서는 아내를 살해한 남편은 대개 사형에 처하여 남편의 폭력에 강력 대응한 반면, 정조는 관용을 베풀어 아내 살인범에게 사형보다 한 등급 아래인 유배형에 처한 경우가 많았다.

그 한 사례로 1787년(정조 11) 경상도 삼가현에 사는 권도경이란 인물이 아내를 폭행해서 죽게 한 사건을 들 수 있다. 권도경은 당초 집안에 데리고 있던 종을 다스리는 중이었는데, 체벌 과정에서 사소한 일로 화가 아내에게 옮겨가서 아내 폭행으로 비화되었다. 순간의 화를 참지 못한 그는 끝내 자신의 아내에게 끔찍한 범행을 저지르는데, 아내의 머리를 문지방에 찧고 몽둥이로 심하게 때려 죽게 한 것이다. 그런데 폭행치사로 재판을 받던 권도경은 최종 판결에서 죽음을 면할 수 있었다. 정조는 권도경을 사형에 처하지 않은 이유로 아내가 이미 죽은 상태에서 가해자 남편마저 사형에 처한다면 남은 자식들을 돌봐줄 부모가 한 명도 없게 된다는 점을 거론하였다. 남은 자식들을 위해서 권도경을 율문 그대로 사형에 처하는 것은 옳지 않다는 것이다. 이와 같이 정조 시대에 아내를 살해한 남편들 상당수는 정상이 참작되어 사형에서 한 등급 낮은 유배형에 처해졌다.

한편, 『흠흠신서』에 실린 사건 중에는 살인을 저지른 가해자가 처형되기는커녕 오히려 바른 일을 했다며 국왕 정조의 칭송을 받은 일도 있었다. 그 대표적인 사례 중 하나가 전라도 강진현의 김은애 사건이다. 강진 탑동에 사는 양갓집 딸 김은애가 노파 살인범으로 체포된 해는 1789년(정조 13)이다. 같은 고을에 사는 피해자 안 노파는 기생 출신으로 평소 김은애에게 자기 남편의 조카손자 최정련의 중매를 제안하였다가 거절당하자 이에 앙심을 품고 김은애가 평소 행실이 좋지 못하다는 헛소문을 퍼뜨렸다. 그런데 안 노파의 모함은 김은애가 다른 남자와 결혼한 이후에도 계속되었다. 이에 인내심에 한계를 느낀 김은애가 식칼을 들고 안 노파의 집에 찾아가 무려 열여덟 번이나 그녀의 몸을 찔러 잔혹하게 살해하고 자수하였다.

이 사건에 대해 정조는 누구도 예상치 못한 판결을 내린다. 정숙한 여자가 음란하다는 모함을 받는 일은 뼈에 사무칠 정도로 분할 일이라고 어전에서 신하들에게 지적한 정조는 김은애가 억울하고 분한 일을 당한 상태에서 남자도 하기 어려운 의로운 복수를 감행했다며 그녀의 석방을 지시한다. 아울러 많은 사람들이 김은애의 의로운 행동을 알 수 있도록 이덕무李德懋에게 지시하여 김은애에 관한 인물 열전도 짓게 하였으니, 살인범이 극적으로 열전의 주인공으로 등장하는 순간이었다. 이는 결과보다 범행 동기·과정을 중시하고, 판결할 때 법과 원칙 외에도 사건 정황을 적극적으로 고려한 이 시대의 재판 규범, 국왕 정조의 법률관을 새삼 확인할 수 있는 판결이라 하겠다.

6. 다산이 진단한 사법행정의 난맥상

다산은 당시 수령들이 살인 사건을 공정하고 정확하게 처리할 수 있도록 깨우치기 위해 『흠흠신서』를 집필하였다. 다산이 관직 생활을 하면서, 또 유배지 강진에 내려와서 직접 체험하면서 느낀 조선왕조 형정刑政 운영의 난맥상과 수령의 자질 문제가 심각하다고 판단했기 때문이었다. 특히, 다산은 고을 백성들에게 큰 영향을 미치는 수령, 이른바 목민관들의 역할이 매우 중요하다는 점을 간파하고 있었다. 사실 다산이 살았던 18세기 말 19세기 초의 상황은 양반 지배질서가 흔들리면서 사회 전반의 변화가 가속화되고 있었다. 그 과정에서 지역사회에 분쟁

속대전(규장각한국학연구원)

과 다툼도 증가하였고 고을 수령들은 폭주하는 민원과 소송, 다양한 형사사건 처리를 위해 노력해야 했다. 그러나 현실은 수령들이 백성들의 가려움을 긁어주고 고통을 덜어주지 못하는 실정이었다.

이 시기 향촌사회에서 유독 많은 다툼을 야기한 것은 묏자리 문제였다. 묘지를 둘러싼 소송을 산송山訟이라고 했다. 풍수지리 사상이 유행하면서 좋은 땅에 부모를 모셔야 한다는 관념이 확산되고,

유교적 장례문화의 정착에 따른 문중 선산先山에 대한 수호 의식이 강해지면서 산송은 심각한 양상으로 전개되었다. 남이 써놓은 묘지 터가 명당이라 생각하여 그 근처에 몰래 조상의 묘를 쓴다거나, 남의 분묘를 관의 허가 없이 무단으로 파내버리거나, 심지어 자기 집안의 선산 근처로 묘소를 쓰기 위해 오는 장례 행렬을 막아서는 등 물리적 충돌도 다반사였다. 당시 폭행치사 사건의 절반이 산송 때문에 일어난다는 다산의 한탄만 봐도 이 시기 산송의 폐해가 얼마나 심각했는지를 짐작할 수 있다.

산송과 함께 토지나 노비 같은 재산 다툼, 빚 문제, 세금 관련 민원이나 청원도 적지 않았다. 하지만 이들 소송이나 청원에 대한 수령의 대

처가 안이하거나 미흡하다는 것이 문제였다. 수령들은 사안의 전후 사정을 명확하게 파악하고 법조문을 제대로 적용하여 결론을 내리는 것이 아니라 임시 방편적인 판결로 사건을 마무리하는 데 급급했다. 이와 같은 사정 때문에 많은 백성들은 당시 수령의 판결을 숙녹피熟鹿皮, 그리고 판결을 내린 수령을 반실태수半失太守라며 비웃었다. 숙녹피는 사방으로 잘 늘어나는 익힌 노루 가죽을 말하는데 어떤 때는 이렇게 판결하고 또 어떤 때는 저렇게 판결하는 등 수령의 일관성이 없는 처리를 노루 가죽에 빗댄 말이다. 한편, 반실태수는 절반을 잃게 하는 수령이라는 뜻으로, 재물을 다투는 소송에서 사건의 시비를 정확히 가리는 대신 양측이 절반씩 잃고 물러나라는 식으로 승소자도 패소자도 없는 애매한 판결을 내리는 수령을 풍자한 것이다.

특히, 다산은 법률 지식의 부족을 수령의 가장 큰 문제로 지적했다. 당시 규정상 고을에서 일어나는 분쟁이나 살인 등 형사사건을 일차적으로 처리하는 책임자가 관내 수령이었기 때문에 사건 관련자들의 운명이 거의 전적으로 수령에게 달려 있다고 해도 과언이 아니었다. 따라서 풍부한 법률 지식을 갖추는 것이 수령의 필수 덕목이었지만 현실은 전혀 그렇지 못했다. 과거 시험 과목에 법전은 없기 때문에 『대명률』이나 『속대전』과 같은 기본 법전을 펴보지도 않은 채 관리가 된 선비들이 얼마 있다가 수령으로 부임하게 되는 게 일반적이었으니, 이는 문외한에게 고을의 사법행정을 맡기는 꼴이 된다는 것이다. 다산은 이 때문에 수령이 될 자들은 법전과 정사에 도움이 될 만한 여러 서적들을 읽은 뒤에 요긴한 부분을 미리 뽑아 한 권의 책으로 만들어 필요할 때마

곤장치는 장면(김윤보 그림, 『형정도첩』 수록)

다 참고하는 자세를 갖추라고 조언했다. 그러나 법률을 등한시하던 당대 사대부들의 인식을 하루아침에 바꾸기에는 역부족이었다.

수령들이 평소 법률 공부를 소홀히 하는 문제 외에도 고을 아전衙前이나 관속官屬들이 자행하는 각종 비리와 횡포 또한 지방사회 형벌과 재판 등 사법 행정의 문란을 빚는 주요 원인 가운데 하나였다. 수령이 총명하지 못한 고을에서 아전들은 가렴주구에 힘을 쓸 뿐만 아니라 재판에도 개입하여 뇌물을 받아 사실 관계를 왜곡하고 있었기 때문이다. 이처럼 고을민들의 원성을 사는 간교한 아전들이 관아에 버티고 있는 한 무지렁이 백성들이 직접 관아에 찾아가 자신의 문제를 하소연하기가 쉽지 않았으며, 자칫 이들의 노여움을 사게 되어 더 큰 화를 입을까 두려워서 수령에게 감히 이들의 비리나 잘잘못을 호소할 수 없는 경우가 많았다.

살인 사건이 발생한 마을에 수령이 아전들을 대동하여 수사하러 올 경우 이들은 더욱 노골적으로 이권을 챙기는 데 혈안이 되곤 했다. 사망원인을 밝히기 위해 시신을 검시하러 수령 일행이 마을에 행차하게 되면 마을 전체가 풍비박산하는 일이 많았다. 즉 사나운 아전과 간악한 군교軍校들이 사건 조사라는 미명하에 살인 사건 관련자들을 모조리 잡아들여 신문을 벌이는 과정에서 온갖 행패를 부렸다. 다산의 목격담에 따르면 수령보다 사건 현장에 먼저 도착한 이들은 마을을 다니면서 솥이나 항아리 등 세간을 약탈하고 뇌물을 요구할 뿐만 아니라 어린이와 늙은이, 과부할 것 없이 마음대로 잡아들여 괴롭히는 등 못된 짓을 자행하였다. 이와 같은 횡포 때문에 어느 마을에서 살인 사건이 발생했다는 소문이 들리면 관아에서 파견된 아전이나 관속들로부터 피해를 입지 않기 위해 백성들이 모두 도망치듯 모습을 감춰 마을이 텅 비는 경우도 있었다고 한다. 살인 사건이 발생한 마을의 사람들은 이들의 먹잇감이 되는 것이다.

이와 함께 수령이 제멋대로 형장刑杖을 남용하는 문제도 이 시기 백성들을 괴롭히는 고질적인 병폐 가운데 하나였다. 형벌은 나라의 법을 바로세우기 위해 어쩔 수 없이 사용하는 수단인데, 수령이 백성들에게 제멋대로 형벌을 가하니 수령의 위엄은 고사하고 공정해야 할 관아에서 법과 원칙이 설 리가 없었다. 원래 군사 업무와 관계된 사안이 아니면 곤장棍杖을 사용할 수 없음에도 불구하고 수령들은 법을 집행할 때

통쾌한 맛을 느끼고자 태笞나 장杖보다는 위력적인 곤장을 즐겨 사용하였다.

　다산의 진단에 따르면 수령이 곤장을 사용하는 것도 문제지만, 감영의 관찰사에게 보고하지 않은 채 백성을 불법적으로 고문하는 일은 더 큰 문제였다. 수령은 중죄인을 고문할 필요가 있을 때 반드시 관찰사의 허가를 받아야 하지만 이를 지키는 수령은 많지 않았다. 그래서 자신의 비위를 건드린다 싶으면 아전이나 좌수座首 · 별감別監, 심지어 예로서 대우해야 할 향교 유생이나 사족에게도 고문을 가했다. 이러한 불법 고문은 살인 사건 현장에서 관련자들을 신문할 때도 종종 자행되었다. 법 규정에 없는 데도 쉽게 자백을 받아내기 위해 수령과 아전들은 형장을 휘둘렀고 결국 가혹한 고문에 못 이겨 거짓 자백을 받아내 억울한 옥사를 만들기에 이르니, 다산은 이를 두들겨 패서 억지로 만든 옥사란 뜻의 단련성옥鍛鍊成獄이라 불렀다. 이상 다산의 눈에 비친 지방사회 사법 행정의 난맥상은 대수술이 불가피한 심각한 상황이었다.

7. 다산, 공정하고 정의로운 사회를 꿈꾸다

세상은 빠르게 변화하고 있는데 관리들은 여전히 낡은 사고방식에 젖어 백성 위에 군림하고 있는 현실, 그리고 정치, 경제, 사회 등 모든 방면에서 리모델링이 절실하지만 조선왕조의 개혁과 혁신은 요원한 상황 속에서 다산은 유배지에서 심혈을 기울여 작성한 저술을 통해 다양

다산의 생가 여유당(경기, 남양주시)

한 해결책과 대안을 제시하였다. 다시 강조하지만 다산의 여러 저술 중 『흠흠신서』는 관리들이 제대로 된 법 집행을 해주기를 바라는 다산의 간절한 마음에서 쓴 책이다. 사람의 생명에 관한 옥사는 각 지방에서 늘 일어나는 일인 데도 조사를 맡은 수령들의 일처리는 앞서 본 것처럼 서투르기 이를 데 없었기 때문이다. 그렇다면 다산이 꿈꾼 법과 원칙이 실현되는 정의로운 사회란 어떤 모습인가? 어떻게 하면 공정하게 법을 집행하는 것일까? 먼저 다산이 생각하는 이상적인 법관의 자세가 무엇인지부터 알아보자.

　다산은 각 군현에서 살인 사건을 처리할 때 법관인 수령이 유념해야 할 가장 기본적인 덕목으로 흠휼欽恤의 자세를 꼽았는데, '흠휼'이란 사건에 연루된 자를 불쌍히 여기며 옥사를 신중하게 처리하는 것을 말한다. 사람을 살릴 수도 있고 죽일 수도 있는 권한은 오직 하늘만이 가지고 있고 수령은 단지 하늘을 대신해서 법을 집행할 뿐이라고 생각한 그였다. 따라서 사건이 일어나면 수령은 하늘을 공경하고 두려워하는 마음과 죄인을 불쌍히 여기는 마음으로 수사에 임함으로써 살려야 할 사람을 죽이거나 죽여야 할 사람을 살리는 실수가 없도록 신중해야 한다는 것이다. 다산이 책의 제목에 '흠흠'이라는 단어를 넣은 것만으로도 법관이 옥사에 임할 때 흠흠, 혹은 흠휼의 자세를 그가 얼마나 중요하게 여겼는지 짐작할 수 있다.

이밖에도 법관이 지녀야 할 자세와 태도로 다산이 여러 가지를 제시하였는데, 그 중 하나가 사건 관련자 신문 과정에서의 철저한 진술 청취다. 그는 진술을 듣는 방법으로 편견 없이 양쪽의 의견을 잘 수용할 것, 선량한 마음과 진심을 바탕으로 사건에 임할 것, 진술하는 자의 말과 얼굴빛, 호흡, 눈빛 등을 유의해서 살필 것을 주문하였다. 또 옥사를 신속하게 처리해야 한다는 점도 강조하였다. 당시 속언에 '옥구폐생獄久弊生'이란 말이 유행할 정도로 옥사 처리가 지연되면 각종 폐단이 생겨나기 십상이었다. 이 때문에 다산은 각종 비리가 저질러지거나 사건 내용이 왜곡되지 않도록 불속이나 물속에서 사람을 구하는 일처럼 옥사를 신속하게 처리하라고 주문하였다.

법관이 명심해야 할 또 하나의 중요한 덕목으로 다산이 꼽은 것은 고의범과 과실범을 명확히 구별해 내는 능력이다. 지금도 마찬가지이지만 살인 사건에서 범행 의도는 범인의 형량을 결정하는 매우 중요한 기준이었다. 살인 범행에 고의성이 있었는지, 아니면 과실로 인해 피해자가 죽게 되었는지를 잘 살펴야 범인에게 죄에 상응하는 벌을 내릴 수 있기 때문이다. 다산은 법 집행에 관한 원칙을 담은 『서경』의 구절을 인용하면서 사건을 판결할 때 고의범은 죽이되 과실범은 정상을 참작하여 살려주어야 한다고 강조하였다.

그렇다면 다산은 관리들이 옥사를 처리할 때 신중하게 살펴서 가능한 범인을 너그럽게 처벌해야 한다고 주장한 것인가? 이는 절대 아니다. 다산은 무엇보다도 지은 죄만큼 벌을 받게 하는 것이 정의를 실현하는 길임을 강조한다. 그는 당시 죄수에게 관용을 베푸는 것만을 음덕陰德이라 생각해 무작정 형량을 낮추는 관리들이 많은 현실을 강도 높게 비판하면서, 악을 제대로 다스리지 않고 용서하는 것은 위정자가 해야 할 참된 정치가 아니라고 꼬집는다. 죄지은 자가 정당하게 죗값을 치르는 것 또한 억울하게 죽은 원혼을 달래줄 수 있는 음덕임을 알아야 한다는 것이다.

당시 법 집행이 공정하게 이루어지지 않고 온정주의로 흐르는 경향이 강했는데, 특히 무고와 복수 사건에서 이 문제가 자주 발생하였다. 다산은 첫째, 죄 없는 사람을 사형 죄목으로 무고하면 형률에 의거하여 무고한 자를 사형에 처해야 하지만 수령들은 으레 형장을 쳐서 석방시키는 경우가 많다고 비판한다. 법을 집행하는 수령이 미온적이며 관용을 중시하는 태도로 일관할 경우 남을 모함하는 못된 범죄가 결코 줄어들 수 없다는 이야기이다. 둘째, 가족을 위해 남을 죽인 행위를 무조건 의로운 살인, 정당한 복수로 간주하여 용서해서도 안 된다는 점을 분명히 하였다. 윤리적으로 죽어 마땅한 자에 대해 정당하게 복수하여 의로운 살인을 저지른 경우 가해자를 무죄로 인정할 수 있지만, 무분별하게 분노를 표출하고 살인을 저지른 자들을 단지 가족을 위해 복수했다는 이유로 덮어놓고 의로운 살인이라 칭송하며 풀어주는 일은 도저히 있을 수 없기 때문이다. 다산은 이와 같은 타협할 수 없는 기준에 의거하여 때로 자신이 누구보다 흠모하는 국왕 정조의 일부 판결에 대해서도 비판을 가했다.

다산은 국왕 정조에 대한 깊은 신뢰를 바탕으로 『흠흠신서』 여기저기에서 정조를 중국 상고의 이상적인 군주에 비유하며, 정조의 옥사 판결 내용을 높게 평가했다. 하지만 정조의 지나친 관용과 과도한 사면 조치에 대한 우려도 숨기지 않았다. 예를 들어 술이 취한 상태로 범행을 저질렀을 때, 그 당시 상태가 심신미약이었다는 이유로 형벌을 감형해주는 주취감형酒醉減刑 문제가 최근 논란이 되고 있는데, 조선시대 재판에서도 본 사안은 쟁점 가운데 하나였다. 정조는 술에 취해 살인을 저지른 죄수의 경우 살인의 고의가 있는 범죄와 구별하여 사형 대신 유배형으로 감형해 준 일이 많았다. 그러나 다산의 입장은 단호하였다. 정신이상은 하늘이 만든 재앙이지만 술주정은 스스로 만든 재앙이므로 술에 취한 범행은 고의적인 범행과 다를 바 없고, 따라서 엄형으로 다스려야 한다는 것이다. 요컨대 다산이 바라는 진정한 정의는 모든 사람에게 공평하게 법을 적용해 한 사람이라도 억울하고 부당한 형벌을 받는 일이 없고, 반대로 합당한 형벌을 요행히 모면하는 일 또한 없는 세상에서 실현될 수 있다. 그런 점에서 정조의 다소 너그러운 판결에 다산이 일관되게 비판적 자세를 견지한 것은 어찌 보면 당연하다.

　세상이 변했기 때문에 과거의 유학자들처럼 예禮와 교화만으로 잘 다스려지기를 기대하는 것은 결코 지혜로운 태도가 아니라고 다산은 생각한다. 그는 법제를 정비하고 사법 행정 전반을 바로 세워 국가 통치 시스템을 대대적으로 정비할 필요가 있다고 보았다. 법에 의한 통치가 불가피한 조선 사회에서 법 집행은 저울처럼 한 치도 어긋남 없이 더욱 엄중해야 한다는 것이다. 이와 같이 법치와 공정한 처벌을 중시한 원칙주의자 다산의 생각은 '유전무죄 무전유죄'라는 말이 회자되고 법조비리, 사법농단 사태 등으로 시끄러운 지금의 한국사회에도 시사해 주는 바가 결코 적지 않다.

참고문헌

『정본 여유당전서』, 다산학술문화재단, 사암, 2012.

『역주 흠흠신서』, 박석무·정해렴 역주, 현대실학사, 1999.

조선왕조실록(http://sillok.history.go.kr/main/main.do)

송재소, 『시로 읽는 다산의 생애와 사상』, 세창출판사, 2015.

김 호, 『정약용, 조선의 정의를 말하다: 흠흠신서로 읽은 다산의 정의론』, 책문, 2013

박석무, 『다산 정약용 평전』, 민음사, 2014.

박소현, 「법률 속의 이야기, 이야기 속의 법률-『흠흠신서』와 중국 판례」, 『대동문화연구』 77, 2012.

백민정, 「『흠흠신서』에 반영된 다산의 유교적 재판 원칙과 규범: 「경사요의」의 법리해석 근거와 의미 재검토」, 『대동문화연구』 99, 2017.

심재우, 『백성의 무게를 견뎌라 : 법학자 정약용의 삶과 흠흠신서 읽기』, 산처럼, 2018.

심재우 외, 『조선후기 법률문화 연구』, 한국학중앙연구원 출판부, 2017.

심희기, 「흠흠신서의 법학사적 해부」, 『사회과학연구』 5-2, 영남대 사회과학연구소, 1985.

조윤선, 「정약용의 사회개혁 방법론-법치적 관점에서-」 『사총』 46, 1997.

한우근 등, 『정다산 연구의 현황』, 민음사, 1985.

제 V 장

다산 정약용의 생애와
고향 '마재'

조준호

1. 선대 가계와 내력

다산 정약용의 집안인 나주정씨 가문의 시조는 정윤종丁允宗이다. 가계
기록에 따르면 정윤종은 고려 유민으로서 조선왕조가 개국한 이래 황
해도 배천 땅에 은거했던 인물로 지조를 지키고 덕을 쌓으며 집안을 일
으키는 기반을 닦았다고 한다.

　이후 이 집안에서 조선에 들어와 벼슬에 나오기는 정자급丁子伋 때부
터이다. 『국조방목國朝榜目』과 『한국계행보韓國系行譜』 등에 의하면, 다산
의 12대조 정자급은 세조 경진庚辰(1460) 평양별시방平壤別試榜에서 문
과 3등(6째)으로 급제한 후, 그 아들 수곤壽崑 · 수강壽崗 형제가 성종成
宗 때, 수강의 아들 옥형玉亨과 옥형의 아들 응두應斗가 중종中宗 때 각
각 문과에 급제하였다. 이어서 응두의 아들 윤희胤禧 · 윤우胤祐 · 윤복
胤福 3형제가 명종 · 선조 때 문과에 급제하였으며, 윤복의 아들 호선好
善 · 호관好寬 · 호공好恭 · 호서好恕 4형제가 선조 · 광해군 때, 호선의 아
들 언벽彦璧이 인조 때, 언벽의 아들 시윤時潤과 시윤의 아들 도복道復이
각각 숙종 때 문과에 급제하여 9세 문과 집안으로 호칭되고 있다.

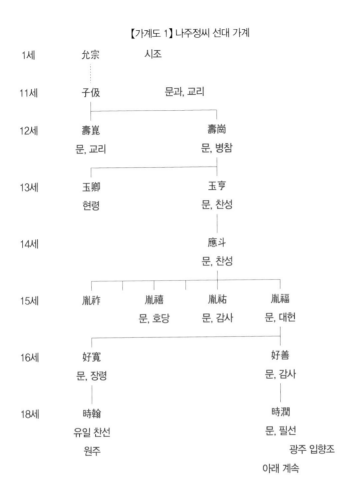

【가계도 1】나주정씨 선대 가계

| 1세 | 允宗 | 시조 |

| 11세 | 子伋 | 문과, 교리 |

| 12세 | 壽崑 문, 교리 | 壽崗 문, 병참 |

| 13세 | 玉卿 현령 | 玉亨 문, 찬성 |

14세 應斗 문, 찬성

| 15세 | 胤祚 | 胤禧 문, 호당 | 胤祐 문, 감사 | 胤福 문, 대헌 |

| 16세 | 好寬 문, 장령 | 好善 문, 감사 |

| 18세 | 時翰 유일 찬선 원주 | 時潤 문, 필선 광주 입향조 아래 계속 |

    이처럼 조선전기부터 이어져 왔던 가문의 현달에 대해 정약용은 자신의 집안이 9대 '옥당玉堂'을 배출하였다고 기록하였다.

    우리 집안이 9대가 옥당玉堂[홍문관]에 벼슬한 것에 대해서는 세상에서 부러워하는 점이다. 그러나 하지 않은 벼슬이 세 가지가 있는데, 그것은 정승政丞·이

조판서·문형文衡[대제학의 별칭]이다. 만약 충정공忠靖公[정응두丁應斗의 시호] 적에 조금만 더 진출하였더라면 어찌 거기에 도달하지 못하였겠는가. 다만 한 걸음 물러섰을 뿐이었다.

대체로 한 걸음 물러서는 법은 벼슬하는 데에만 그렇게 할 일이 아니고, 비록 마을 사람이나 친척들과의 관계에 있어서도 역시 그러한 규모를 지켜서 남보다 앞서려고 하지 말고, 중도中道를 따르는 것으로 상도常道를 삼는 것이 옳을 것이다.(『다산시문집』 제14권, 가승초략家乘抄略에 제함)

'옥당'이라 함은 홍문관을 말한다. 조선시대 선비들은 홍문관에 들어가는 것을 평생의 소원이자 자랑으로 여겼다. 홍문관은 문과에 급제한 사람들 중에서도 가장 학문적 능력을 인정받는 사람만이 들어갈 수 있는 곳이었기에 이곳의 관원이 된다는 것은 학자로서 인정을 받는 것만이 아니라 앞날이 보장되는 청요직에 나갈 수 있는 자리였다. 그런 홍문관에 나주정씨들이 9대에 걸쳐 연속으로 진출하였다고 하니 이는 조선시대 가문 중에서도 매우 특별한 내력이라고 할 수 있다. 이처럼 9대가 홍문관에 입사할 정도로 학문적 기풍이 뚜렷하였기 때문에 정약용은 어린 시절부터 선조들의 이야기를 들으면서 학문에 열중할 수 있었다.

이처럼 재경종사하며 경기 일원에 기반을 마련해 갔던 나주정씨는 숙종 연간 중앙 정국에서 서인西人과 남인南人의 정쟁이 치열해지던 혼란한 시기를 피하여 새로운 터전을 찾아 나섰다. 그 한 파는 정시윤을 입향조로 한 마재의 '두릉정씨'이다.

2. 마재마을 정착과 생활

1) 입향조 정시윤의 활동

입향조 정시윤丁時潤(1646~1713)의 자는 자우子雨, 호는 두호斗湖이다.
어린 시절 부친이 일찍 돌아가시자, 모친인 사천목씨가 하종下從[아내
가 남편을 따라 자결함]하였기 때문에 어린 시절을 불우하게 보냈다. 1669
년(현종 10) 사마시에 합격하여 진사가 된 뒤 음보蔭補로 현감을 지내고,
1690년(숙종 16) 식년문과에 을과로 급제하였다.

 정시윤이 관직에 나갔던 숙종 연간은 중앙 붕당 간의 정쟁이 과격한
방향으로 흐르던 시절이었다. 현종 연간 서인과 남인 간에 벌어진 복제
논쟁인 예송禮訟의 격화 과정에서 1674년(현종15) 갑인예송甲寅禮訟으로
남인의 복제설이 승리하여 서인이 실각, 남인의 집권을 가능하게 했다.
이후 1680년(숙종 6) 경신대출척庚申大黜陟으로 재집권한 서인은 남인
관료를 역적으로 몰아 대거 살육하였고, 다시 1689년(숙종 15)의 기사
환국己巳換局으로 남인이 서인에 대해 보복하였고, 1694년(숙종 20) 갑
술환국甲戌換局으로 서인이 남인에게 다시 보복하는 악순환을 되풀이하
였다. 이러한 경색된 정치적 상황하에 중앙 정치세력들은 갈등을 격화
시키고 있었다.

 나주정씨의 선대 가계는 숙종 연간 남인세력을 대표했던 주요 가문
과 깊은 관련이 있었다. 정시윤의 외조인 사천목씨 목약선睦樂善은 숙
종 연간 기사환국에서 서인을 공격하는데 앞장섰고 이후 좌의정에 올

랐던 목래선睦來善(1617~1704)과 6촌 형제였다. 또한 정시윤의 고모부는 동복오씨 오정일吳挺一(1610~1670)로 현종 연간 남인으로 활동하면서 호조판서를 역임하였다. 정시윤의 누이는 민사도閔思道에게 출가했는데 이 집안은 여흥민씨로 숙종 초년 좌의정 민희閔熙(1614~1687)를 배출한 가문이었다. 이처럼 나주정씨는 현종~숙종 연간 중앙 남인세력을 대표했던 사천목씨·여흥민씨·동복오씨 등과 긴밀한 관계를 맺고 있었다.

이러한 배경 때문에 정시윤은 남인세력의 주요 인물로 일찍이 주목받았다. 그가 아직 관직에 나아가기 전부터 숙종 초년 남인을 대표했던 영의정 허적許積과의 관계에 대한 기록은 이를 나타내고 있다.

> 처음 교리공校理公[정언벽을 말함]이 돌아가셨을 때 목숙인睦淑人께서 하종下從[아내가 남편을 따라 자결함]하였기 때문에 공(정시윤을 말함=필자 주)은 여염집에서 길러졌다. 이씨李氏에게 시집간 공의 누이가 태어났을 때 겨우 며칠 만에 젖을 잃고 우니, 상국相國 허적許積이 불쌍히 여겨 품에 안고 집으로 데려가 첩에게 기르도록 하였다. 첩은 바로 역적逆賊 허견許堅의 어미였다.
> 공이 이미 장성한 뒤에 때때로 누이동생을 찾아갔으나 허 상국의 집 중문中門에서 만나보았고 허견의 방에는 발을 들인 적이 없었으므로, 허견이 화를 냈다. 경신옥사庚申獄事가 일어났을 때 허 상국과 알고 지낸 사람 가운데 화를 면한 자는 거의 드물었는데, 오직 공만은 초연히 화를 당하지 않았다.(『다산시문선』)

정약용이 찬한 이 기록에 따르면, 허적은 조실부모했던 정시윤의 어린 누이를 보살폈다고 한다. 하지만 정시윤은 당시 허적의 권세가 위태로울 정도로 크고 또한 이에 편승하여 서자 허견許堅의 행실이 바르지 못함을 살펴 교제를 조심했다고 한다. 이 때문에 허견이 경신옥사 때 역적으로 처단되고 많은 사람이 연루되어 화를 입었으나 정시윤은 그 소용돌이에서 벗어날 수 있었다고 하였다.

이후 정시윤은 1689년 기사환국으로 남인이 집권했을 때 문과를 거쳐 벼슬에 나아갔다. 주로 사헌부 지평, 사간원 정언 등 대간의 직책을 역임하였다. 관료시절 당론에 준절하여 과격한 언론을 주장하기보다 공정한 자세로 임해 명망이 높았고, 1693년 2월 9일 홍문록弘文錄에 초선되어 남인계 청류清流로 인정받았다.

1694년 홍문관 부교리로 있을 때 갑술환국이 발발하자, 정시윤은 남인南人으로 지목되어 삭탈관작 문외출송되었다. 이후 급격한 정국 변동의 여파가 가라앉기 시작했던 1696년 소론계 부제학 오도일吳道一이 그의 서용을 청하여 다시 관직에 나왔고, 이후 세자시강원 필선, 병조참의를 역임했고 외직으로는 순천부사, 길주목사를 지냈다.

이후 세자시강원 필선으로 재직하던 정시윤은 흉년에 대한 대책을 논하는 상소에서 조정의 대신들을 비난하였다. 당시 서인계 언관들의 공격을 유발했던 이 상소의 내용은 아래와 같다.

필선弼善 정시윤丁時潤이 상소하였다. 대략 이르기를,

"흉년이 너무 참혹하여 백성들이 장차 다 죽게 되었고, 죽은 시체가 낭자함은 차마 말할 수 없는 지경입니다. 그런데 목민관牧民官이 이를 사실대로 보고하지 않고, 도道를 안찰按察하는 신하도 사실대로 알리지 않으며, 한성부漢城府까지도 역시 실상을 숨기고 있으니, 이른바 유사有司가 보고하지 않아서 윗사람은 이를 소홀히 여기고 아랫사람을 잔학하게 대한다는 그 말에 불행하게도 근사하게 되었습니다. … 관서關西는 진휼賑恤의 비용이 거만鉅萬뿐이 아니었는데, 실지의 혜택이 미치지 않아 온전히 산 사람이 적어 촌락은 빈터가 되고 읍리邑里가 쇠잔해졌으니, 신은 그 구제받은 사람이 어떤 백성인지 모르겠습니다. 오로지 그 허다한 재력財力이 내부에서 소모되어 조정에서 지성으로 구제하고자 한 그 뜻이 마침내 허투虛套로 돌아가게 된 것이 애석합니다.

지금 기호畿湖에도 만약 신칙申飭하는 조치가 없다면, 신은 아마도 관서關西와 다름이 없지 않을까 염려스럽습니다. 안팎의 재화財貨가 모두 다 떨어진 뒤에야 마침내 만리 밖에 애걸하는 것은, 설령 크게 이익이 있다 하더라도 오늘날 신하된 자로서는 본시 차마 마음에 달갑게 여길 수 없습니다. 더구나 요구하고 수응하는 사이에 지극히 어려운 일이 있고, 관개冠盖[사신의 수레]가 잇따를 즈음에 백성들이 그 해를 받아서, 국력國力이 먼저 소모되고 백성들의 원망이 더욱 끓어오르니, 일을 하면서 그 시초를 잘 꾀하지 못하여 이렇게 무한한 치욕을 남긴 것이 안타깝습니다.…(이하 생략)(『숙종실록』 숙종 24년 3월 10일조)

상소 내용은 크게 흉년을 당해 만리 밖에 애걸하는 것 즉, 청나라에서 교역미交易米를 빌려 오자는 의논에 대해 불가함을 거론한 내용이다. 상소가 올라가자 좌의정 윤지선과 우의정 최석정 등이 차자箚子를 올려 죄를 청하며 인책하였다. 당시 국왕 숙종은 정시윤의 상소에 대해 "진언한다는 이름을 핑계하여 의혹 현란케 하려는 계책"이라는 엄한 비답을 내렸다. 연이어 장령 김덕기金德基가 상소의 내용을 문제삼아 귀양에 처할 것을 요청했다.

이러한 일련의 사태를 겪으며 정시윤은 격화하는 중앙 정쟁에 염증을 느꼈고 산천에 몸을 의탁하여 당화黨禍로부터 몸을 지키려는 마음을 굳혔던 듯하다. 때문에 만년에 외직만을 전전했고, 여러 곳을 탐방하며 새로운 거처를 물색하였다.

종국에 마재에 자리하게 된 5대조 정시윤의 행적에 대해 정약용은 다음과 같은 논평을 남겼다.

(공께서는 만년에 소내[苕川]의 북쪽에 복거卜居하여 초가 몇 칸을 짓고 '임청정臨淸亭'이라고 이름하였다. 술을 마시고 시를 지으면서 소요하고 한가히 지내며, 깨끗한 마음을 지켜 당세에 뜻을 두지 않았다. 세 아들을 나누어 동서에 거처하게 하고 서자庶子는 북쪽(지금의 나의 집이 되었다)에 거처하게 하여 다시는 이사하지 않았다. 공은 대개 세상에 다시 해볼 수 없음을 안 때문이다. 그 뒤부터 당의黨議가 과연 더욱 고질병이 되고 풍속이 과연 더욱 흐려졌으니, 공이 스스로 시내와 산의 승처勝處에 의탁한 것이 먼 앞일을 내다보는 식견이 아닌가? 아아, 사물에는 성쇠가 있고 시절에는 왕래가 있게 마련인데, 오는 것은 순히 받고 이미 간 것은 갚지 않으니 이것이 도에 가까운 것이리라. 이것이 내가 후회해도 미칠 수 없는 것이다.(『다산시문집』 권17, 가승家乘의 유사遺事)

【가계도 2】 나주정씨 마재마을 입향가계

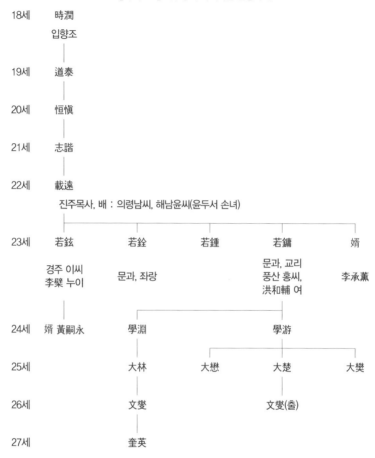

18세	時潤 입향조			
19세	道泰			
20세	恒愼			
21세	志諧			
22세	載遠 진주목사, 배 : 의령남씨, 해남윤씨(윤두서 손녀)			
23세	若鉉 경주 이씨 李檗 누이	若銓 문과, 좌랑	若鍾	若鏞 문과, 교리 풍산 홍씨, 洪和輔 여	婿 李承薰
24세	婿 黃嗣永	學淵		學游	
25세		大林	大懋	大楚	大樊
26세		文燮		文燮(출)	
27세		奎英			

2) 마재마을의 유래와 생활

(1) 마재마을 명칭의 유래

일찍이 재경종사하며 경기도 일원에 기반을 마련해 나갔던 나주정씨는 정시윤대에 광주부 초부면 마현리[마재마을]로 들어오게 된다. 정시윤이 자리하던 이곳 마재마을은 현재 남양주시 조안면 능내리이다.

마재마을의 지명 유래는 『다산시문집』에 소개되어 있는 철마鐵馬에 대한 다산의 변증辨證 내용을 참고할 수 있다.

소천苕川의 북쪽, 유산酉山의 서쪽에 철마鐵馬가 산 마루에 있는데, 그것은 크기가 쥐만 하였다. 마을의 늙은이들이 전하기를, "임진왜란 때 왜구 중에 풍수학風水學을 잘 아는 자가 있어 '산천이 수려하므로 이것으로 그 정기를 눌러놓고 간다'고 하였는데, 매양 동네에 역려疫癘와 요찰夭札이 있으므로 백성들이 그를 위하여 콩과 보리를 삶아서 조심스레 제사지냈다. 인하여 그 동네를 '마현馬峴'이라고 이름했다."하였다.

그러나 나는 이것을 야인野人들의 말이라고 여긴다. 왜냐하면 만약 왜인倭人이 철마를 만들었다면 그들이 우리에게 '내가 너희들을 눌러놓고 간다.'고 하였겠는가? 그리고 설사 우리들이 그 말[馬]을 보고서는 의심하여 그것이 무엇인가를 알고, 이미 그것이 산천의 정기를 누른 것임을 알았다면, 또 어찌 뽑아내어 버리거나 달구어 식도食刀로 만들어 버리거나 하지 않고, 그것을 신神으로 여겨 제사를 지내며 우리의 재앙을 없애고 우리에게 복을 내려주기를 바랐겠는가. 그러니 이것은 유래가 오랜 것이요, 왜인의 짓이 아니다.

비록 그렇다 하더라도 사람이 말에게 제사지내는 것은 음사淫祀이다. 옛날에 마조馬祖에게 제사지내는 것이 있었는데, 맨 처음 말을 기른 자에게 제사한 것이다. 이는 마치 맨 처음 양잠養蠶을 가르쳤던 자를 선잠先蠶으로 모셔 제사지내는 것과 같은 것이요, 고의로 말[馬]을 받들어 신神으로 삼아 제사지내는 것

과는 같지 않다. 그러고
보면 마을 백성들이 철
마에게 제사를 지내는
것은 크게 어리석은 일
이다.

그러나 어떤 사람은 말
하기를, "무슨 물건이든
오래되면 신神이 있는
것이다. 저것이 비록 철
鐵로 주조한 것이라고
는 하나 그 유래가 오래
되었다. 유래가 오래되
었다면 신이 있을 터인
데 어찌 그 제사를 금할
수 있겠는가."하였다.

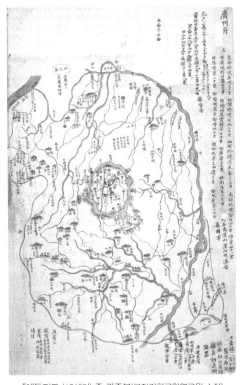

『해동지도』(18세기) 중 광주부(규장각한국학연구원 소장)

나는 말하기를, "생명이 있는 물건은 살기도 하고 죽기도 하지만, 생명이 없는
물건은 옛 것 아닌 것이 없는데, 만일 옛 것이라 하여 모두 제사를 지내야 한
다면 자네는 앞으로 제사지내는 일을 감당치 못할 것이다."하였다.(『다산시문집』

제12권, 철마鐵馬에 대한 변증)

정약용은 마을에서 전해오던 구전을 채록하여 쇠로 만든 말이 출토
되어 산의 이름을 '철마산'이라 불렀다는 지명의 유래를 밝히고 있다.

『해동지도』 중 두물머리[兩水頭] 부분

또한 구전에 따르면, 마재[마현]의 지명은 임진왜란 때 이곳까지 침입한 왜구들이 산의 정기를 누르기 위해 무쇠로 만든 말 모양의 부적 같은 것을 산 정상에 묻었는데, 이후 동네에서 천재지변이 발생하면 이를 물리치기 위해 철마를 모시고 제사 지내면서 동네 이름을 '마현馬峴'라고 했음을 알 수 있다. 정약용은 이러한 구전을 기록하면서 음사淫祀라 하여 크게 어리석은 일이라고 단정하고 있지만, 당시에 전해 내려오던 구전과 마을 이름의 유래를 살필 수 있는 기록이다.[1]

(2) 마재의 지리적 환경과 정씨의 정착

정시윤이 정착할 당시 마현의 지리적 조건과 당시 상황은 다음과 같았다.

옛날 백년 전에는 소양강昭陽江이 고랑皐狼 아래에 이르러 동쪽으로 남주藍洲의 북쪽을 지나 남강南江에 들어갔다. 그러므로 남강은 물살이 빠르고 거세게 곧

---

1 정약용은 『文獻備考』 輿地考에 기록한 지명의 잘못된 사실을 바로 잡기도 하였다. "34호 또한 서쪽으로 흐르는 물은 麻岾를 경유한다. 고찰하건대 마점은 마땅히 馬峴으로 보아야 한다. 우리 집이 있는 곳으로 산 위에 들쥐처럼 작은 철마가 있어 동네 사람들이 제사를 지내왔다. 이런 연고로 '마현'이라 불린다"(『與猶堂全書』 제1집 雜纂集 第23卷 ○文獻備考刊誤, 卷12, 輿地考).

장 서쪽으로 달려 반고盤皐의 아래에서 합쳐졌다. 그리하여 홍수가 질 때마다 반고는 물에 잠기므로 사람들이 그곳에는 살지 않았다.

그 뒤에는 소양강이 아래로 부암鳧巖의 남쪽에 이르러 비로소 남강과 만나 남강의 거센 물살을 밀어내어 물리쳤다. 물은 귀음龜陰의 강 기슭을 지나 석호石湖의 동쪽에 이르러 비로소 꺾어져 서쪽으로 향하게 되므로, 이때는 반고가 우뚝 높은 위치에 있게 되어 촌락이 이루어졌다. 이것이 소천이 생기게 된 역사이다.

숙종肅宗 만년에 나의 할아버지 병조참의공兵曹參議公(정시윤을 말함)께서 상소하여 양곡 방출을 애원한 일을 논하였다가 임금의 노여움을 사서 전리田里로 방환放還되었다. 이때 한강의 물가를 따라 올라가면서 노년에 살 곳을 구하다가, 소천苕川의 위쪽에 이르러 반고盤皐를 보게 되었다. 반고의 주인이 있는가를 물어 보니 주인은 없었다. 그래서 산 아래 사는 백성들을 찾아가서 그들을 깨우쳐 말하기를,

"이 반고는 하늘이 우리에게 준 것이다. 그렇다고 그저 차지할 수는 없다. 너희들이 먼저 살았으니 너희들이 곧 주인이 되는 것이다." 하고 말다래[말을 탄 사람의 옷에 흙이 튀지 않도록 가죽 같은 것을 말의 안장 양쪽에 늘어뜨려 놓은 기구]를 벗겨 그들에게 주었다.

그 땅을 살펴보니, 동쪽에는 두 물이 새로 모여서 여울물이 잔잔하지 않고, 서쪽에는 골짜기 입구가 처음 갈라져서 바람이 모이지 않았다. 이에 반고를 셋으로 나누니, 그 중 3분의 2는 서쪽에 있는데, 여기에 정자를 짓고 '임청臨淸'이라고 편액扁額을 써서 걸었다. 이는 아마 도원량陶元亮의 말[2]에서 뜻을 취한 것 같다. 정자 앞에 괴송怪松을 많이 심었는데, 나무가 늙어서 마치 용이 도사

두강승유도(실학박물관 소장)

리고 호랑이가 쭈그리고 앉은 것과 같으며, 거북이 움츠리고 학鶴이 목을 길게

뺀 것같이 매우 기이하였다.

공께서는 세 아들이 있었는데, 동쪽에는 큰 아들이 살고, 서쪽에는 둘째 아들이

살고, 막내에게는 이 정자를 주었고, 유산酉山 아래에는 조그마한 집을 지어

서 측실側室에서 낳은 자제를 살게 하였다.(『다산시문집』 제14권, 임청정기臨

淸亭記)

___

2 陶元亮의 말 : 도원량은 東晉 때의 隱士인 陶潛을 가리킴. 원량은 도잠의 자. 말이란 바로
    도잠이 지은 〈歸去來辭〉에서 "東皐에 올라 조용히 풍월을 즐기고, 맑은 물에 임하여 시를
    짓는다.[登東皐以舒嘯 臨淸流而賦詩]"한 데서 온 말이다.

앞의 인용문에 나타나듯, 정시윤은 한강의 물가를 따라 올라가면서 한강의 상류 부분인 소천에 자리한 반고盤皐[대야 모양의 언덕]에 자리를 잡았다고 한다. 당시 인근에는 백성들 몇 호만이 거주하고 있어 마을이 형성되기 전이라 기록하고 있다. 정시윤은 이 곳에 정자를 짓고 '임청臨淸'이라 편액을 써서 걸었고 그 아들들과 이곳에 정착의 터전을 마련하였다.

정시윤의 세 아들들은 소천지역에 각기 터를 닦았다. 동쪽에는 큰 아들이, 서쪽에는 둘째 아들이 거주하였고, 막내는 임청정을 물려 받았다. 그리고 유산酉山 아래에는 조그마한 집을 지어서 측실側室에서 낳은 자제를 살게 하였다. 오늘날 여유당이라 불리는 정약용의 생가는 바로 유산 아래의 집이라고 한다.

이후 마재마을에 정착한 정시윤의 후손들은 이 곳에서 일가를 이루었다. 물론 가세의 성함과 기움에 따라 어려운 때도 있었으나, 마재를 지켰나갔다. 후일 세상 사람들은 이들을 '두릉정씨斗陵丁氏'라 이름했다.

강을 따라 10리 거리에 왕왕 관직으로 이름난 집안으로 세거하는 마을이 많다. 청탄靑灘은 여씨呂氏 집안의 장원莊園이 되었고, 두릉斗陵은 정씨 집안의 물굽이로 불린다.(유산 정학연의 시에 '정씨 집안의 물굽이는 여씨 집안과 접했다[丁家灣接呂家磯]'라 하였다.(『운양집雲養集』 권7, 회귀천부懷歸川賦)

(3) 마을의 풍속과 경제생활

마재의 '두릉정씨'는 선대에서 자리잡은 터전을 가꾸어 나왔다. 그들이 살던 마재마을의 풍속과 경제생활은 다음의 자료에 드러나 있다.

> 나의 집은 소천苕川의 시골인데, 물은 몇 걸음만 가면 길어올 수 있으나, 땔감은 10리 밖에서 해오며, 오곡은 심는 것이 없고, 풍속은 이익만을 숭상하고 있으니, 낙원이라고는 할 수가 없고, 취할 점은 오직 강산의 뛰어난 경치뿐이다. 그러나 사대부가 땅을 점유하여 대대로 전하는 것은 마치 상고上古시대 제후가 그 나라를 소유함과 같은 것이니, 만일 옮겨 다니며 남에게 붙여 살아서 크게 떨치지 못하면 이는 나라를 잃은 자와 같은 것이다. 이것이 바로 내가 미련을 버리지 못하고 머뭇거리면서 소천을 떠나지 못하는 이유이다.(『다산시문집』 권14, 발택리지跋擇里志)

마재마을이 위치한 소천은 농토의 부족으로 농업에 적합하지 않은 환경이었다. 그리고 한강 뱃길을 이용한 물류유통의 중간거점이라는 지리적인 위치로 인해 상업취락이었다고 한다. 그래서 항상 마을은 번다했다고 기록하고 있다.

실제로 18세기 이후부터 서울은 전국적인 상품유통의 중심지가 되고 경기도의 군현으로 육로와 수로를 통해 서울과 직결되는 지역들인 개성·수원·광주(송파장)·양주(누원점)·포천(송우리) 등이 서울로 가는 상품의 중간 집산지로 발전해 왔다. 서울 근교의 군현들은 서울 주민이 소비할 채소와 과일의 생산과 땔감의 공급지로 기능하였던 것이다.

이와 함께 한강변에는 상업 취락도 발달하였다. 상업 취락들은 이미 조선초기부터 형성되었으나, 17세기 후반 이후 본격적으로 성장하였으며 18세기에서 19세기말까지 번영을 누렸다.

이러한 사회경제적 변화의 추이 속에서 마재마을도 예외가 아니었다. 남한강과 북한강이 만나는 두강斗江[두물머리]은 교통의 요충지이자 상업의 중심지였다. 마재의 소천나루는 한강 수로를 통해 한양으로 접근할 수 있는 교통의 요충지였고 뱃길을 통해 두물머리에 모여든 물화를 거래하는 상인들의 왕래가 끊이지 않았다. 즉 물류의 거점이었기에 마재에 거주하는 백성들의 상당수가 상업활동에 종사하고 있었다고 하겠다.

나주정씨들은 마을에 거주한지 오래되어 종족이 점차 번성했으나, 한정된 생산물로 경제적인 어려움이 있었다고 한다. 이에 종친들의 기금을 모아 붓을 제공하는 중서사약中書社約을 운영하며 문필가의 전통을 유지해 나갔다.

우리 종족이 소천에 거주한 지 지금 7대나 된다. 토지는 농사에 적합하지 않고 오직 대대로 문필文筆만을 일삼다 보니 종족이 번성해지는 반면, 생산은 갈수록 줄어들어서 종이나 먹도 황금과 맞먹게 되었는데, 하물며 공급하기 어려운 붓이겠는가. 종친들이 돈을 추렴하여 이자를 받아서 필상筆牀[붓을 걸어 두는 기구]을 제공하기로 의논하고 이것을 '중서사中書社'라 이름하였다. 대개 그 일은 구차스러우나 아름다운 이름으로 꾸미기를 이와 같이 한다.(『다산시문집』 제13권, 중서사약서中書社約序, 경신년(1800) 겨울에 지음)

또한 마재의 정씨들은 사회경제적인 변화에 대응하여 근교 농업에도 관심을 가졌다. 특히, 1801년(순조 1) 일어난 신유사옥 이후 정씨들은 가문의 기반을 유지하기 위해 여러 가지 방안을 모색하였다. 주지하다시피 신유사옥으로 정약전·정약용이 유배에 처해지고 정약종은 천주교 신자로 처형되는 등 수난의 시기를 겪었다. 정약용은 이러한 가문의 처지를 폐족廢族으로 떨어졌다고 한탄하였다.

참혹한 정치적 피해를 겪으면서 정씨들은 선대의 터전이 있던 마재를 떠날 생각을 했던 듯하다. 정약용이 유배지 강진의 다산초당茶山草堂에서 안정을 찾아가던 1807년 무렵 고향에서 불안하게 살던 아들들인 정약연丁學淵·정학유丁學游는 아버지가 계신 유배지 강진으로의 이주 문제를 논의하였다.

당시 정약용은 자식들의 의견을 반대하였다. 그는 사대부가 권세를 잡았을 때는 처사處士로서의 본색을 지켜야 하지만, 벼슬이 끊어지면 서울에 살면서 문화文華의 안목을 유지해야 한다고 하였다. 따라서 '왕성십리王城十里 이내의 지역'에 거주하는 것이 가장 좋으며, 경제적인 이유로 서울에 살 수 없다면 근교에서 과일과 채소를 가꾸며 생활하다가 형편이 좋아지면 서울로 거주지를 옮겨야 한다고 하였다. 몰락한 집안의 재기를 위해 정약용은 아들들에게 경제적 기반이 있던 근교에서 원예농업을 통해 생계를 유지하고 학문에 힘쓰면서 기회를 기다리도록 당부한 것이다.

이처럼 마재의 정씨들은 가문의 수난기에도 마을을 지켰다. 한강 상류에 형성된 선대의 기반을 지키면서 서울학계의 동향에 관심을 가졌고 가문의 재기를 위해 노력하였던 것이다.

3. 다산 정약용의 생애와 활동

1) 성장과 사승관계

부친 정재원의 가르침

정약용의 학문적 성장과정에서 가장 큰 영향을 준 인물은 진주목사를
역임했던 부친 정재원丁載遠이라 할 수 있다. 정재원은 과거를 거쳐 관
직에 나간 인물은 아니었지만 학문과 인품이 매우 출중했다.

　당시 다산의 가문은 비록 부친이 음사陰仕로 진주목사를 지냈으나,
고조 이후 3세三世가 포의布衣[벼슬이 없는 선비]로 세상을 떠났다. 비록
양반이며 그 이전까지는 대대로 벼슬을 했지만, 그의 집안은 당시로서
는 권세와 별로 가까운 처지가 아니었던 셈이다.

　정약용은 4세 때 '천자문千字文'을 배우기 시작하였고, 정재원이 연천
현감으로 부임하였을 때인 6세 때 따라가 부친의 가르침을 받았다. 어
린 시절 연천은 정약용에게 학문과 산천의 아름다움을 보여주었던 곳
이다. 7세 때 처음으로 시를 지었는데 "작은 산이 큰 산을 가리니[小山蔽
大山], 멀고 가까움이 다르기 때문이라네[遠近地不同]"라고 하였다. 이 시
구절을 본 아버지 정재원은 "분수에 밝으니 자라면 역법曆法과 산수算
數에 능통할 것이다"라고 칭찬하였다. 정재원은 자신의 아들이 어떤 방

면에 탁월한 장점을 가지고 있는지 이미 판단하였던 것이다. 다산이 훗날 한강을 건너는 배다리와 화성을 설계한 것은 이미 어린 시절부터 역법과 산수에 밝았기 때문이다.

이후 정약용은 10세 때 벼슬에서 물러나 고향에 머물던 부친에게 경전과 역사를 배웠다. 이때 경전과 역사서를 모방하여 지은 글이 일년 동안 자신의 키만큼 쌓였다고 하니 그가 얼마나 독서와 작문에 부지런하였는지 알 수 있다. 그리고 10세 이전에 지은 시를 모아 『삼미집三眉集』이라 하였다. '삼미'란 어린 시절 마마를 앓아 자신의 눈썹이 세 개로 갈라져 삼미라 스스로 부른 것에 연유한 것이다.

부친의 가르침과 함께 정약용은 그의 형들과 함께 학문을 연마하였다. 수종사와 천진암 등을 다니며 산수를 벗삼아 경전과 역사 등을 연구하였던 것이다.

성호 이익과의 만남

정약용이 경기 실학의 종장인 성호 이익의 학문을 접하게 된 것은 16세인 1778년(정조 1)이었다. 1년 전인 15세에 정약용은 풍산 홍씨[홍혜완]와 결혼을 하였는데 마침 아버지 정재원이 호조좌랑이 되어 한양으로 가게 되었다. 부친을 따라 서울로 가서 이듬해에 당대 학문의 대가인 이가환李家煥을 만나게 되었다.

이가환은 정조가 남인의 영수인 채제공蔡濟恭의 뒤를 이어 정승으로 쓰고자 했던 인물이었다. 또한 그는 성호星湖 이익李瀷의 종손從孫으로서 기호남인의 명문가 출신이었다. 이가환의 조카가 이승훈李承薰이었고 이승훈은 정약용의 매형이기도 하였다.

이처럼 성호 이익 가문과 밀접한 관계에 있는 정약용이 이가환을 만나 성호의 문집을 보게 되었다. 그것은 단순히 한 학자가 선대 학자의 문집을 보았다는 평범한 사실이 아니라 성호의 학문과 사상이 정약용에게로 전해지는 위대한 스승과 제자가 만났던 순간이었다. 정약용은 이미 돌아가셔서 한 번도 직접 뵌 적은 없지만 성호를 스승으로 생각하는 마음을 담아 다음과 같은 시를 남겼다.

섬촌의 이 선생 옛집을 지나며[이때 안산의 선영을 참배하였다]

도맥이 후대에야 동국에 전해
설총이 그 시초를 열어놓았고
그 맥이 포은, 목은 몸에 미치어
높디 높은 충의를 이루었다네
퇴옹은 주자 진수 드러내시어
천년 뒤에 그 도통 이어 받으니
육경은 다른 뜻이 있지를 않아
백가들이 다 함께 받들었다네
맑은 기운 마침내 동관에 모여
밝은 문장 섬천에 환히 빛나니
주된 뜻은 공맹에 가깝게 되고
주석은 공융 정현 뒤를 이었네

성호 이익 초상화(실학박물관 소장)

몽매한 나 한 줄기 빛이 보이어
깊이 잠긴 자물통 열고 싶어도
짐작을 못할레라 지극한 뜻을
그 운용 오묘하고 또한 깊으니

정약용은 성호를 퇴계의 후계자라고 생각했다. 공자의 학문이 우리나라에 들어와 신라의 설총이 전수받았고, 설총의 학문을 포은 정몽주가 이었으며, 정몽주의 학문이 퇴계 이황으로 그리고 이황의 학문이 성호 이익에게 전해졌다고 하였다.

또한 정약용의 연보에 의하면 그가 23세에 『성호사설』을 보면서 '상위수리象緯數理'를 배웠다고 한다. 요즘으로 치면 과학과 수학을 공부한 것이다. 실제 성호의 손자인 이가환은 당대 수학의 천재였다. 이가환이 수학의 천재가 된 것은 가학家學의 하나가 수학이었기 때문이다. 즉 성호 이익의 집안은 단순히 성리학만을 공부한 것이 아니라 백성들의 실제 삶을 돕기 위한 다양한 기구를 만들기 위해 건축학, 토목학, 수학, 천문학 등을 집안 사람들 모두에게 가르치고 계승하게 하였다. 그러한 내용들이 『성호사설』에 담겨있었고, 자연스럽게 정약용에게 전해졌던 것이다.

외가 해남윤씨 가문

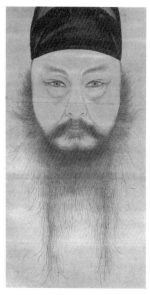

공재 윤두서의 자화상

정약용의 외가는 해남윤씨 집안이었다. 마재에 일가를 형성했던 정약용의 집안은 전라도를 대표하는 남인南人의 명가名家와 혼맥을 맺었던 것이다. 이 집안의 현조인 윤선도尹善道는 서인의 영수였던 우암 송시열과 맞대결을 벌였던 인물로서 학문과 정치적 능력 모두가 탁월한 인물이었다. 특히, 윤선도의 증손자인 공재恭齋 윤두서尹斗緖는 우리가 알고 있는 국보로 지정된 자신의 자화상을 그린 뛰어난 화가이자 만권萬卷의 책을 소유하고 있던 장서가였다.

윤두서는 젊어서 진사시에 합격하였으나 관직에 나가지 않고 해남의 초야에 은거하였다. 그는 시·서·화에 두루 능했고, 유학과 경제·지리·의학·음악 등 여러 방면에 통달했던 박학博學의 학풍을 지닌 학자이기도 하였다. 윤두서는 실학자였던 성호 이익과도 깊은 친분을 맺고 있었다.

윤두서의 아들은 윤덕렬尹德烈로 이 역시 초야에 은거하며 자신의 가문을 지켰다. 이 시기는 이미 노론老論이 중앙 정계를 장악한 시대였기 때문에 남인으로 출사하기란 그리 쉬운 일이 아니었다. 이 윤덕렬의 따님이 정약용의 어머니였다.

후일 정약용이 강진 유배지에서 500여 권에 이르는『여유당전서與猶堂全書』를 저술할 수 있었던 배경 중의 하나는 다름 아닌 강진과 가까운 거리에 있었던 해남지역 외가外家의 보살핌이 있었기 때문이었다.

서학西學과의 만남

정약용이 서학을 처음 접한 시기는 나이 23세 성균관에서 공부하고 있던 시절이었다. 집안의 일로 마재마을에 다니러 온 정약용이 서울로 돌아갈 때 함께 배를 탄 이벽李檗(1754~1786)에게 처음 서학의 학문에 대해 전해 들었다. 정약용보다 8살이나 위인 이벽은 맏형인 정약현丁若鉉의 처남이었다.

이벽의 집안은 무반 집안이었다. 그래서 그의 아버지 이부만李溥萬은 건장하고 총명한 아들을 무관으로 출세시키려 했다. 그러나 그는 오히려 경서공부에 열중하였고, 청나라로부터 유입된 서양서적도 열심히 탐독했다. 당시 중국에 와 있던 서양선교사들과 중국의 서광계徐光啓 등이 저술한 한문으로 된 천주교 서적들은 천주교의 교리와 아울러 서양의 과학지식 등 방대한 내용을 담고 있었다.

정약용은 서울에 돌아와서 이벽을 찾아가『천주실의』와『칠극七克』등 몇 권의 책을 빌려 보았다. 그리고선 비로소 마음이 흔연히 서교西敎에 기울었다고 회고하고 있다.

젊고 지적으로 탐구열이 왕성했던 젊은 시절의 정약용은 결코 교조적 이데올로기에 얽매이지 않았다. 그는 노장老莊을 비롯한 제가諸家의 다양한 서적들을 섭렵했다. 뿐만 아니라 외래의 서학과 천주교에도 관심을 갖고 천착해 나갔던 것이다.

하지만 이러한 개방적인 학문자세는 후일 정치적 반대파들에게 공격을 받는 빌미를 제공하고 만다. 정약용은 이러한 상황에서 1791년 진산 사건(진산의 윤지충과 권상연이 조상 제사를 폐지하고 신주를 불태운 사건)을 계기로 서학, 즉 천주교와의 관계를 끊었다고 하였다. 하지만, 정조 사후 발발한 신유사옥에서 정약용과 그의 형제들은 화란을 피할 수 없었다.

2) 관직 생활

> "신은 본래 초야에 묻힌 한미한 사람으로 부형의 음덕이나 사우師友의 힘도 없이 오직 전하께서 이룩하고 길러 주신 공에 힘입어 장성하게 되고 천한 신분에서 귀하게 되었습니다. … 대체로 지식이 조금씩 진전되고 작록爵祿이 올라간 것이 어느 것 하나 전하의 지극한 가르침과 정성에 의해 훈도되고 길러지지 않은 것이 없었습니다."

정약용이 후일 동부승지를 사직하는 상소에서 자신과 정조正祖와의 관계를 표현한 글이다. 이처럼 그가 정치적 경륜을 펼칠 기회를 얻었던 것은 정조의 신임에 힘입은 바였다.

정약용이 정조를 처음 만난 것은 22세가 되던 해인 1783년(정조 7)이었다. 이 해 4월 정약용은 생원시에 합격하여 선정전에서 사은謝恩의 예를 올렸다. 이 때 정조는 정약용의 얼굴을 들게 하여 나이를 물어 보

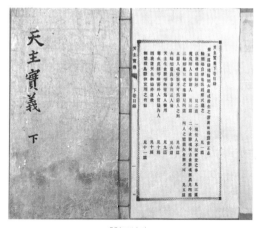

「천주실의」

왔고, 이것이 최초의 만남이었다.

성균관 유생 시절 정약용은 「중용강의 조문」에 뛰어난 답변을 하여 정조의 눈에 띄었다. 왕은 그의 비범한 자질을 알아 보고 깊은 관심과 애정을 주었다. 1785년 2월에 성균관 유생을 위한 시험이 있었다. 이 때 정조는 정약용의 답안을 선발하고 종이와 붓을 상으로 내려 주었다. 동시에 궁궐 내에 있는 춘당대의 연회에 참석하는 기회도 마련해 주었다.

이미 국왕의 총애를 받았음에도 정약용이 문과에 급제하여 관직에 나아간 것은 다소 늦은 시기였다. 관직에 크게 연연하지 않았던 그의 성향도 작용하였던 듯하다. 1788년 3월 정조는 문과 회시會試에 나온 정약용에게 "이번이 몇 번째 응시인가" 하고 물으니, 정약용은 3번이라고 대답하였다. 이에 정조는 반드시 급제할 것이라고 위로하고 출사가 늦어지는 것을 안타깝게 여겼다. 이러한 배려에 감격하여 정약용은 벼슬에 나갈 것을 결심하였다.

삼월 삼일 희정당에서 임금을 뵙고 물러나와서 짓다

새벽빛은 누각을 재촉하는데
문창성 자미원에 접근하였네
하잖은 문장 기예 부끄러운데
조정 관원보다도 은총이 깊어
꽃 버들에 붉은 연 자리 옮기고
바람 구름 베옷을 에워쌌다네
옥음玉音이 가슴 깊이 감격을 주니
생전에 돌아간단 말 할 수가 있으랴

1789년 28세의 나이로 정약용은 문과에 급제하였다. 이에 정조는 곧바로 그를 규장각의 초계문신으로 임명하여 학문을 연마하도록 하였다.

정조는 즉위 초부터 탕평책의 내실을 기하기 위해 노력하였다. 이를 위해 국왕의 통치를 직접 보좌하여 효과적인 정책을 수립할 수 있는 기구의 설립은 반드시 필요한 전제 조건이었다. 이러한 의도하에 정조는 규장각奎章閣을 설치하였다. 앞선 영조英祖대의 탕평정치가 특권적 문벌정치로 흘러간 데 대한 반성 위에, 사대부 자신을 지켜내는 명절名節과 기본 실력인 문학文學을 진작시켜 새로운 정치세력을 구축하려 한 것이다.

즉위 이후 왕실 도서관 기능의 학술기구인 규장각은 본격적인 출발

규장각도(국립중앙박물관 소장)

을 하였다. 아울러 그 운영에서 특히 주목되는 사실은 국왕의 개혁정치
를 뒷받침할 초계문신抄啓文臣의 양성이었다. 초계문신은 문과를 거친
37세 이하의 관원 중 가장 우수하다고 추천 받은 인물들을 선발하였

다. 이들은 왕실의 도서관에서 3년 여 동안 재교육을 받음으로써 국왕 측근에서 정책을 충실히 보좌할 수 있는 인재로 양성되었다. 실제로 정조는 매달 친히 초계문신을 지도 편달하였다.

이후 과정을 마친 초계문신 출신들에게 정조는 지방 수령직 → 중앙 관청의 실무직 → 지방 관찰사 → 중앙 고위직의 순으로 경력을 쌓게 하였다. 곧 초계문신에게 지방의 실정과 중앙 관서의 실무를 두루 경험하게 한 후, 국정을 이끌어 나갈 주요 인물로 발탁하려는 장기적인 인재 육성시스템이라 할 수 있다. 실제 정조 연간 초계문신은 총 10회 138명이 선발되었고, 이들 중 절반 이상은 중앙 고위직에 진출하였다고 알려져 있다.

정약용은 규장각에서 정조의 정치를 보좌해 새로운 시대를 열어갈 인재로 성장할 수 있었다. 또한 노론·소론·남인·북인계의 우수한 인재들과 교류하며 당색을 초월한 학문적 교유와 동류의식을 맺을 수 있었다. 규장각 검서관檢書官으로 재직하던 박제가朴齊家와의 만남을 계기로 『열하일기』, 『북학의』 등 북학파의 저서를 열람하며 북학파의 학문에 접할 수 있었다.

또한 정약용이 관직에 있을 때의 대표적인 업적으로 화성華城의 설계를 들 수 있다. 1792년 정조로부터 화성의 축성을 명령받고 거중기擧重機를 설계하여 공사 기간과 공사비 4만냥을 절약하였다. 1789년 문과에 급제한 직후 국왕의 명으로 주교舟橋의 규제를 작성한 정약용의 능력이 또 한번 빛을 발휘한 것이다.

한편, 정약용은 관직에 나간 이듬해 예문관 검열에 제수된 것을 시작

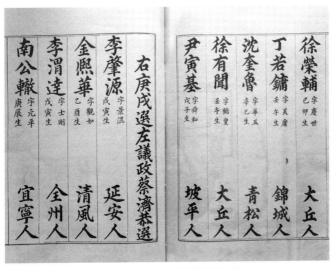

초계문신제명록(규장각한국학연구원 소장)

으로 사간원 정언·사헌부 지평·홍문관 수찬 등 청요직에 연이어 임명되었다. 또한 규장각의 친시親試에서 여러 차례 상을 받기도 하였다. 비교적 순탄한 관료 생활을 이어갔지만, 정조의 총애와 관심이 깊을수록 시기와 모함도 심해졌다. 1791년 호남지방에서 윤지충·권상연 등이 관련된 천주교 사건이 일어난 것을 계기로 정약용을 서학과 연결짓는 정치적 공격이 시작되었다.

천주교에 대한 공격이 심해지자, 정조는 정약용을 외직으로 내보냈다. 이는 금정찰방金井察訪과 황해도 곡산부사谷山府使에 임명하여 공격의 예봉을 피하라는 정치적인 배려였다. 나아가 자신의 친위관료에게 지방과 백성의 실정에 대한 경험을 쌓게 하려는 정조의 장기적인 인재 육성책에 입각한 바이기도 하였다.

곡산부사로 재직 시절 정약용은 중국 황제의 칙사를 맞이하는 임무를 맡기도 했고, 황해도 수령의 잘잘못을 감찰하라는 국왕의 밀지를 받기도 하는 등 정조의 신임을 확인할 수 있다. 또한 지방관으로서 관내의 천주교도들을 회유하고, 옥사를 잘 처리한 것이 알려지자, 정조는 정약용을 형조참의에 제수하였다. 나아가 다음 보위를 이을 순조純祖를 보좌하는 임무를 그에게 맡기고자 하였다.

이러한 계획은 정조의 갑작스런 서거로 물거품이 되었다. 정약용의 정치적 보호막이 사라져 버린 것이다. 그리고 곧이어 일어난 순조 원년의 이른바 신유사옥의 소용돌이 속에서 겨우 목숨만을 부지한 채 18년에 걸친 유배 길에 오르게 된다.

3) 유배와 저술활동

"올해는 공의 갑년이 돌아오는데, 육경사서지학六經四書之學과 경세실용지학經世實用之學을 끝냈으니, 천하에서 할만한 일은 모두 끝낸 셈이다. 하늘 및 사람의 성명性命의 근원과 생사 및 변화의 근본을 체험했으니, 다시는 저술에 마음을 쓰지 않고 자찬묘지명自撰墓誌銘을 지었다(『사암선생연보』)

정약용은 1822년 자신의 회갑을 맞이하여 저술활동을 마감하고 저작을 『여유당집』으로 정리하였다. 자찬묘지명이라 널리 알려진 글에서 정약용은 자신의 저작을 총 503권 182책으로 분류하였다. 그 내용은 다음과 같다.

분류	내용
경집 88책 250권	『시경강의詩經講義』, 『중용강의中庸講義』, 『대학강의大學講義』 등
문집 30책 87권	『시집詩集』, 『문집文集』 등
집찬 64책 166권	『경세유표經世遺表』, 『목민심서牧民心書』, 『흠흠심서欽欽新書』 등

　정약용의 저작은 대부분 18년 간의 강진 유배시절에 집필되거나 초
고가 이루어졌다. 물론 이러한 저작에 대한 구상은 유배생활을 시작하
기 이전부터 시작하고 있었다. 정조의 신임 아래 경륜을 펼쳤던 규장각
시절 방대한 서적을 두루 섭렵하며 향후 저술활동의 중요한 기초를 마
련하였던 것이다. 초계문신 시절 국왕 정조의 질문에 적절한 답을 하기
위해서 『중용강의』 등 경학에 대한 연구 성과를 정리하였고, 이와 함께
원목原牧, 원정原政, 전론田論 등으로 대표되는 급진적 개혁안과 경세학
의 큰 방향과 문제의식도 가질 수 있었다. 정조 사후 급격한 중앙 정국
의 변동하에 기약 없는 유배 길에 오른 정약용은 절망과 좌절을 딛고
이룰 수 없었던 자신의 개혁 사상을 방대한 저술로 남긴 것이다.

　5백여 권에 달하는 정약용의 저작을 완성하는 데에는 유배지에서 만
난 제자들의 도움이 컸던 것으로 보인다. 정약용의 현손 정규영丁奎英
이 찬한 『사암선생연보俟菴先生年譜』에는 강진 시절의 저술 상황을 이렇
게 말하고 있다.

　"공이 20여 년 동안 유폐되어 (강진의) 다산에 있으면서 열심히 연구와 편찬에
　전념하여 여름 더위에도 멈추지 않았고 겨울밤에는 닭 우는 소리를 들었다.
　그 제자들 가운데서, 경서와 사서史書를 부지런히 살피는 사람이 두어 명이요,

다산 초당(전남, 강진)

입으로 부르는 것을 받아 적어 붓 달리기를 나는 것같이 하는 사람이 서너 명
이요, 항상 번갈아가며 원고를 바꾸어 정서正書하는 사람이 서너 명이요, 옆에
서 줄을 치거나 잘못 불러준 것을 고치고 종이를 눌러 편편하게 하여 책을 장
정하는 사람이 서너 명이었다. 무릇 책 한 권을 저술할 때에는 먼저 저술할
책의 자료를 수집하여 서로 비교하고 서로 참고하고 정리하여 정밀하게 따
졌다."

유배시절, 정약용은 아전 제자 6명과 양반 제자 18명을 양성하였다.
위의 인용문에 나타나듯, 정약용이 왕성하게 저작활동을 할 수 있었던
것은 저술에 있어서 자료조사(필사), 정서 및 제본 등의 작업을 제자들
에게 맡길 수 있었기 때문이다. 철저하게 분화된 협력적 방식의 저술이
라 할 수 있다. 이러한 제자들과의 공동 작업 덕분으로 한국에서 그 유

례를 찾아볼 수 없는 방대한 저술을 남길 수 있었던 것이다.

정약용이 유배에서 풀려나 고향인 마현으로 돌아온 때는 1818년 가을, 그의 나이 57세였다. 이후 1836년 75세로 세상을 뜰 때까지 이곳에서 자신의 학문을 마무리하며 실학사상을 집대성하였다.

정약용은 만년에 유배시절 편찬한 저술들이 세상 사람들에게 읽혀질 수 있도록 정리에 힘을 쏟았다. 평생에 걸친 자신의 학문과 저술체계를 정약용은 "육경사서六經四書로서 자신을 수양하고 1표 2서一表二書로서 천하와 국가를 다스리니, 뿌리와 가지를 갖추었다"(자찬묘지명)라고 스스로 평가하고 있다. 육경사서의 경학과 일표이서의 경세학이 표리를 이룬다고 제시한 것이다.

또한 저작의 완성과정에서 정약용은 신작申綽, 김매순金邁淳, 홍석주洪奭周 등 당대의 저명한 학자들과 심도있는 토론을 주고받았다. 이들은 비록 정치적인 지향을 달리했던 노론과 소론을 대표하는 학자들이었지만, 당색을 초월하여 교유하였던 것이다.

정약용 스스로의 고백처럼 그의 저술이 갑자기 몰락해 버린 자신의 처지에 대한 울분 속에 과격한 표현이 간간히 있으며 접근할 수 있는 자료가 한정되어 있는 유배기에 만들어져 논거상의 오류가 있었기에 여러 학자들과의 의견 교환을 통해 수정해 나갔던 것이다.

정약용의 저작에 담긴 사상은 당대의 사회 현실을 근본적으로 재검토해서 나온 개혁론을 담고 있다. 정치구조와 행정체제, 형률제도, 경제제도를 비롯하여 생산기술과 군사제도 등 다양한 영역에 걸쳐 종합적인 체제를 이루고 있다.

정약용 경세학의 핵심은 '1표 2서'라 불리는 『경세유표』와 『목민심서』, 『흠흠심서』에 수록되어 있다. 『경세유표』에서는 조선의 전 국토를 도로망으로 연결되는 생활권역으로 분할한 위에 상공업이 발달한 도시와 정전법으로 구획된 농촌으로 구성되도록 하려는 거대한 국가개혁론을 제시하였다. 이러한 개혁론을 통해 분업分業의 효율화를 이루고 부국강병을 지향했던 것이다. 『목민심서』에서는 백성을 다스리는 목민관들이 책임을 다하기 위해 지켜야 할 기준을 확립하고 구체적인 사무를 제시하였다. 정약용은 목민관으로서 요구되는 정신자세의 기본 강령을 '자신을 다스려라', '공무에 봉사하라', '백성을 사랑하라'라는 세 가지로 규정하였다. 『흠흠신서』를 저술한 것도 재판을 담당하는 목민관으로서 백성의 생명을 소중히 하고 백성을 보호해야 하는 역할을 돕기 위해서였다.

정약용 사후, 생전에 정리해 놓았던 그의 저술은 후손들에 의해 꾸준히 교열작업이 이루어졌다. 1883년(고종 20)에는 왕명으로 『여유당집』 전체가 필사되었다고 전한다. 이후 정약용 저작에 대한 간행과 관심이 본격적으로 나타난 시기는 1934~1938년 정약용 서거 100주기를 기념한 '조선학운동'에서 였다.

1930년대 조선학 운동은 식민지 상황하에서 정인보 등 민족주의계 지식인들이 문화적 독립운동의 일환으로 이루어진 것이었다. 당시 4년에 걸쳐 『여유당전서』(신조선사본) 154권 76책에 달하는 신활자본을 간행하였다. 이 사업은 다산학을 민족독립운동의 사상적 거점으로 설정하면서 이루어졌던 연구였고, 일제 강점기라는 시대적 배경 속에서 조

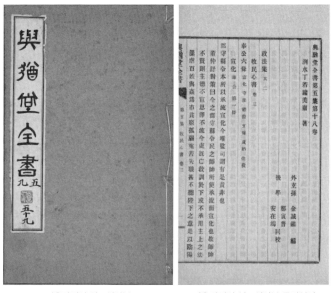

여유당전서 신조선사본
(실학박물관 소장)

여유당전서 신조선사본 목민심서
(실학박물관 소장)

선학에 대한 관심을 불러일으킨 역사적 사건이기도 하였다. 이후 신조
선사본은 두 차례의 영인본으로 제작 보급되면서 다산학 연구에 널리
활용되었다.

최근 다산학술문화재단에서는 2004년부터 신조선사본을 현전하는
여러 필사본과 대조 교감하고 현대적 표점으로 마무리 한 『정본 여유
당전서』을 간행했다. 2012년 다산 서거 250주년을 맞이하여 그간의
정본화 작업의 성과를 공개한 것이다. 이에 따라 '다산학' 연구의 재도
약을 위한 수준높은 텍스트가 완성되었던 것이다.

4. 관련 역사 문화 유적

1) 정시윤이 지은 정자, 임청정臨淸亭

마재마을 입향조 정시윤(1646~1713)이 숙종 연간 자리잡은 소천苕川의 위쪽에 위치한 반고盤阜에 건립한 정자이다. 이후 정시윤이 돌아간 후 60년이 지나 판서 박문수朴文秀가 이곳을 유람하다가 정자의 경치에 반해 이를 사들여 '송정松亭'이라 개칭했다고 전한다. 정약용이 찬한 기문이 전한다.

2) 정약현丁若鉉 묘소

정약현(1751~1821)은 정약용의 큰 형으로 두 살 때 어머니인 의령남씨가 죽자 수년간 외가에서 자랐다. 아버지인 정재원丁載遠이 윤두서의 손녀인 해남윤씨와 재혼하여 낳은 정약용과는 이복형제였다. 하지만 정약용은 큰형을 무척 따랐는데, 강진에서 돌아온 지 얼마 후에 형이 죽자 "헐고 상함이 없는 뒤에야 그 온전함을 알겠고, 재앙도 없고 해로움도 없는 뒤에야 그 어짊을 알겠다"고 그 인품을 그리워하였다. 그의 부인 경주이씨는 정약용의 친구이자 천주교 신자였던 이벽李蘗의 누이였다.

3) 정약현의 집터, 수오재守吾齋

정약현이 자신의 집을 명명한 것이다. 『맹자』의 "지킴은 무엇이 큰가? 몸을 지키는 것이 크다[守孰爲大 守身爲大]"한 글에서 뜻을 두고 있다. 정약용은 유배지에서 스스로 지난 날의 행적을 반성하며 '나는 잘못 간직했다가 나를 잃은 자이다'로 자책하였고 큰 형이 쓴 '수오재守吾齋'의 의미를 되새기며 기문을 찬했다. 건물은 전하지 않는다.

4) 정약현이 세운 누대, 망하루望荷樓

정약현이 집의 동남쪽에 세운 누대이다. 임자년(1792, 정조 16) 여름에 부친 정재원이 진주에서 돌아가시매, 여러 형제들과 함께 충주 하담의 묘소에 가서 장례를 치르고 돌아와 소천苕川의 집에 여막을 차렸다.

이 때 정약현은 특별히 목수木手를 시켜 누대를 세웠다. 상복을 벗은 뒤에 그 누대에 '망하望荷'라 편액을 걸고는 날마다 일어나기만 하면 즉시 그 위에 올라가 돌아가신 부친을 애도하였다고 한다. 정약용이 기문을 찬했다. 건물은 전하지 않는다.

5) 정약전丁若銓의 집터, 매심재每心齋

정약전(1758~1816)이 자신의 집을 명명한 것이다. 정약전은 자는 천전天全, 호는 손암巽庵이다. 문과를 거쳐 전적·병조좌랑의 관직을 역임했다. 1801년에 신유사옥이 일어나자, 아우 약용과 함께 화를 입어 약용은 장기를 거쳐 강진에 유배되고, 그는 신지도新智島를 거쳐 흑산도黑山島에 유배되었다. 여기서 정약전은 복성재復性齋를 지어 섬의 청소년들을 가르치고 틈틈이 저술로 울적한 심정을 달래다가 끝내 풀려나지 못하고 16년만에 죽었다.

정약전은 자신이 거처하는 집에 대해 동생 약용에게 기를 지으라 하면서 "매심每心이라는 것은 '회悔'인데, 나는 뉘우침이 많은 사람이다. 나는 늘 마음 속으로 그 뉘우침을 잊지 못하는 사람이기 때문에 재실을 이렇게 이름 붙였다."라고 하였다. 현재 건물은 전하지 않는다.

6) 정약용의 생가, 여유당與猶堂

1800년(정조 24) 정조가 돌아가시기 전에 고향으로 돌아온 정약용은 형제들과 매일 경전經典을 공부하며, 자신의 집을 '여유당'이라고 이름하였다. 그 뜻은 "겨울에 시내를 건너는 것처럼 신중하게 하고[與], 사방에서 나를 엿보는 것을 두려워하듯 경계하라[猶]"는 『노자老子』도덕경道德經의 말을 인용한 것이다.

이후 여유당은 1925년 여름에는 큰 홍수로 떠내려 갔다가, 1970년대에 복원되어 현재에 전한다.

나의 병은 내가 잘 안다. 나는 용감하지만 지모智謀가 없고 선善을 좋아하지만 가릴 줄을 모르며, 맘 내키는대로 즉시 행하여 의심할 줄을 모르고 두려워

다산 생가 전경

할 줄을 모른다. 그만둘 수도 있는 일이지만 마음에 기쁘게 느껴지기만 하면 그만두지 못하고, 하고 싶지 않은 일이지만 마음에 꺼림직하여 불쾌하게 되면 그만둘 수 없다. 그래서 어려서부터 세속 밖에 멋대로 돌아다니면서도 의심이 없었고, 이미 장성하여서는 과거 공부에 빠져 돌아설 줄 몰랐고, 나이 30이 되어서는 지난 일의 과오를 깊이 뉘우치면서도 두려워하지 않았다. 이 때문에 선을 끝없이 좋아하였으나, 비 방은 홀로 많이 받고 있다. 아, 이것이 또한 운명이란 말인가. 이것은 나의 본성 때문이니, 내가 또 어찌 감히 운명을 말하겠는가(『다산시문집』제13권, 여유당기 중에서)

문도사(남양주 정약용 유적지)

7) 정약용 묘소와 자찬묘지명

정약용은 1762년(영조 38) 6월 16일 11시경에 생가에서 태어나 75세이던 1836년(헌종 2) 2월 22일 8시경에 돌아갔다. 부인인 풍산홍씨와 혼인한지 60년을 기념하는 회혼례回婚禮를 하기로 한 날 아침이었다. 그는 환갑이 되던 1822년(순조 22)에 그간 자신의 평생을 되돌아보고, 다시 출발하는 뜻에서 집 뒤편 유산酉山에 자신이 묻힐 곳을 정하는 한편, 그곳에 묻을 묘지명墓誌銘도 직접 지어 두었다. 이때부터 사암俟菴이라는 호를 사용하였는데, 후세를 기약한다는 뜻을 담고 있다.

또 원중이라는 사람의 시를 빌어 자신의 장사지낼 땅을 본 느낌을 읊기도 하였다.

문도사 현판

일도 많아라. 운도雲濤는 살아 있는 몸을 두고서

장지葬地를 먼저 경영하여 죽기를 기다리었네

형체 부친 이 세상에서도 나를 잊어야 하거늘

뼈 묻는 뒷일을 어찌 남에게 맡긴단 말인가

이곳의 찬 숲엔 매미가 허물을 벗었는데

어느 산 묵은 풀엔 도깨비불을 불어 내는고

궁한 집에 눈 감고 누우면 죽음이나 똑같으니

청오靑烏를 찾아서 소원을 펴는 게 부끄러워라

(『다산시문집』 권7, 자신의 장사지낼 땅을 보다[觀己葬地]

8) 정약용의 사당, 문도사文度祠

정약용은 사후 74년이 지난 1910년 7월 18일에 정헌대부正憲大夫 규
장각제학奎章閣提學으로 추증되었고, 시호를 '문도文度'라 받았다. 문도

는 "학문에 부지런하고 묻기를 좋아함을 문[文]이라 하고, 마음을 능히 의리로써 제어함을 도[度]라고 한다"는 뜻이다.

9) 정씨 집안의 정자, 품석정品石亭

여유당 뒤편 유산酉山에 있었던 정씨 집안의 정자이다. 형제·친척들과 즐거이 모임을 했던 장소이다. 정약용이 기문을 찬했다. 현재 건물은 전하지 않는다.

> 채화정 가엔 두어 가지에만 매미가 우는데
> 품석정 앞엔 매미가 하늘에 가득하구려
> 가사 무더운 날씨에 이 물건이 없다면
> 천지 사방이 잠든 듯이 적막하기만 하리라
>
> (『다산시문집』 권6, 송파수작松坡酬酢)

10) 정약용 형제들의 독서처, 수종사水鍾寺

수종사는 대한불교조계종 제25교구 본사인 봉선사奉先寺의 말사이다. 수종사가 언제 창건되었는지는 정확히 알 수 없으나 조선초기 왕실과 밀접한 관련이 있었다.

1458년(세조 4) 세조가 문무백관을 거느리고 금강산 구경을 다녀오다가, 양수만兩水灣(현재 양수리)에서 하룻밤을 묵게 되었다. 한밤중에 홀

남양주 수종사

연히 은은한 종소리가 들려왔다. 종소리가 들려 잠을 깬 왕이 부근을 조사하게 하자, 뜻밖에도 바위굴이 있고, 그 굴속에는 18나한이 있었다. 종소리는 굴속으로 물방울이 떨어지면서 울려나온 소리로 청아하고도 신비롭게 들렸던 것이다. 세조는 그것을 기이하게 여겨 이곳에 축대를 쌓고 절을 지어 수종사라고 하였다고 한다. 실제 수종사에 있는 부도는 정확한 이름은 알 수 없지만 세종대에 옹주翁主을 위해 만들어진 것이다.

수종사는 마재에 살던 정약용 형제들의 강학처였다. 형제들과 또는 벗들과 수종사에 들러 학문 증진을 위해 강학하였다. 이곳에서 머물며 정씨 가문의 젊은 학자들은 성리학을 바탕으로 유불선儒彿仙에 대한 종합적인 공부를 하였다.

정약용이 처음 수종사에서 공부한 나이는 14세 때라고 전하고 있다. 비록 어린 나이지만 정약용은 한강을 내려다보며 한편의 시를 지은 것이 문집에 전한다.

담쟁이 험한 비탈 끼고 우거져

절간으로 드는 길 분명하지 않은데

그늘에는 묵은 눈이 쌓여 있고

물가에는 아침 안개 떨어지누나

샘물은 돌구멍에 솟아오르고

종소리 숲 속에서 울려퍼지네

유람길 여기서부터 두루 밟지만

다시 오겠다는 약속을 어찌 다시 그르칠 수야

『다산시문집』 권1, 수종사에 노닐며[游水鍾寺]

오랜 유배생활 끝에 고향으로 돌아온 그는 간절하게 수종사를 가보고 싶었다. 청운의 꿈을 품었던 그곳을 어언 회갑의 나이에 가서 보고자 한 것이다. 정조의 부마였던 영명위 홍현주가 그의 명성을 듣고 찾아와 수종사에 같이 가려 하였으나 비가 와서 가지 못하고 대신 정약용은 홀로 수종사에 올라 지난 세월을 회고하기도 하였다. 이처럼 수종사는 국왕 세조로부터 정약용에 이르기까지 조선 전 기간 시인 묵객뿐만 아니라 정치 일선에 있었던 정치가에서 서거정·김종직·김집 등 내노라하는 학자들의 빈번한 출입처였다.

참고문헌

김문식, 『조선후기 경학사상연구』, 일조각, 1996.
고동환, 『18·19세기 서울 경강지역의 상업발달』, 서울대 박사논문, 1993.
송재소, 『다산의 한평생-사암선생연보』, 창작과비평사, 2014.
실학박물관, 도록 『다산과 가장본 여유당집』, 2010.
실학박물관, 도록 『다산, 한강의 삶과 꿈』, 2012.

1762년	광주부 초부면 마현리(남양주 조안면 능내리 다산유적지)에서 태어나다
1770년(9세)	어머니 해남윤씨가 죽다
1776년(15세)	호조좌랑 홍화보洪和輔의 딸과 혼인하다.
	서울 남촌으로 이사하다
1777년(정조1)	이가환李家煥과 자형 이승훈李承薰을 쫓아 이익李瀷의 유고遺稿를 읽고 사숙하다
1779년	성균관에서 시행하는 승보시陞補試에 합격하다
1783년	초시와 회시에 합격하여 진사가 되고, 선정전宣政殿에서 정조의 지우를 입다
1783년	9월 장자 학연學淵이 출생하다
1784년(23세)	이벽李蘗과 함께 배를 타고 내려가던 중 두물머리에서 서교西敎에 관하여 처음으로 듣다.
1786년	차자 학유學游가 출생하다
1789년(28세)	문과에 급제하다. 초계문신抄啓文臣으로 발탁되다.
	한강나루에 '배다리'를 설계·건설하여 정조의 총애를 받다.
1791년 10월	사헌부 지평에 제수되다.
	진산珍山사건을 계기로 서학서西學書를 본 것이 문제되다.
1792년(31세)	4월 부친상을 당하다
	화성의 설계를 명령 받고 거중기擧重機를 설계하여 공사비 4만냥 절약하게 하다
1794년	홍문관교리에 제수되다.
	경기도암행어사로 나가 연천, 파주, 장단의 오래된 폐단을 일소하다
1795년	7월 천주교도라는 무함을 입다.
	금정도찰방金井道察訪에 임명되어 그 지방 천주교도를 회유하다.

1797년(36세)	천주교 신자로 탄핵받아 자명소自明疏를 올리다.
	윤6월 곡산부사로 제수되다
1799년	천주교 신자로 공격받아 자명소를 올리고, 형조참의를 사직하기를 청하다
1800년	정조의 승하로 고향으로 돌아오다. 여유당與猶堂의 편액을 달다
1801년(40세)	신유사옥으로 형 약전若銓은 흑산도로, 정약용은 장기를 거쳐 강진에 유배되다.
1808년(47세)	만덕사萬德寺 서쪽에 있는 윤단尹博의 초당으로 이사하다
1809년	초의草衣선사와 교유하다.
1810년	아들 학연이 부친의 억울함을 상소하여 해배의 움직임이 있었으나 석방되지 못하다
1816년	흑산도에서 형 약전이 사망하다
1818년(57세)	『목민심서牧民心書』 저술하다. 18년만에 유배에서 풀려나다.
	9월 마현馬峴으로 귀향하다
1819년	『흠흠신서欽欽新書』를 저술하다.
1822년(61세)	회갑을 맞아「자찬묘지명自撰墓誌銘」을 짓다.
	『여유당집』을 경집經集 232권과 문집 260여권으로 총괄하다
1836년(75세)	홍씨부인과의 회혼일에 마현에서 별세하다
1910년	7월 정헌대부正憲大夫 규장각제학 문도공文度公으로 시호를 내리다.

(정리 조준호)

영문

다산, 공직자에게 말하다
새로운 사회를 열망했던 다산이 꿈꾼 나라

초판 인쇄 2019년 9월 23일
초판 발행 2019년 9월 30일

기획총괄 실학박물관
진　　행 이헌재
발 행 처 실학박물관
　　　　　12283 경기도 남양주시 조안면 다산로 747번길 16
　　　　　전화 031-579-6000-1　　　http://www.silhakmuseum.or.kr

제　　작 경인문화사
진　　행 제406-1973-000003호
주　　소 경기도 파주시 회동길 445 - 1 경인빌딩 B동 4층
편 집 부 김지선 유지혜 한명진 박지현 한주연
마 케 팅 전병관 유인순 하재일
대표전화 031 - 955 - 9300
팩　　스 031 - 955 - 9310
홈페이지 www.kyunginp.co.kr
이 메 일 kyungin@kyunginp.co.kr

ISBN 979-11-965507-3-8 03910
값 17,000원